1億円会話術

うまくいく人がやっている

Communication Skills of Millionaires

岡崎かつひろ

きずな出版

「いつかは年収1億円を稼ぎたいと思っている」

「年収1億円には興味はないが、お金持ちがどんな会話をしているのか知りたい」

「いまの仕事に、コミュニケーションの技術の向上が必要だと感じている」

そんな人のために書きました。

お金が近づいてきて、離れなくなる――。
うまくいく人が共通してやっている――。

それが、1億円会話術

1億円会話術の㉗のポイント

① 1億円を目指すなら「1億円にふさわしいがんばり方」をしよう
② 「ビジネスオーナー」から年収1億円を目指そう
③ 信用経済の時代においては、コミュニケーション力がより武器になる
④ 「人が集まる人」を目指そう
⑤ 「100人リストアップ」で、自分の現状を把握する
⑥ 「身だしなみ」「笑顔」「リアクション」「感謝（挨拶）」を意識する
⑦ 鳥の目、虫の目、魚の目を持とう
⑧ 次の約束をその場で取りつけ、秒速でお礼メールをしよう
⑨ 「紹介したい」と思われる人になり、強みを持ち、そして「紹介が欲しい」と口に出そう
⑩ 他人の自尊心を高めてあげるコミュニケーションをする
⑪ 話を聞く、褒める、感謝を伝える
⑫ 名前を呼び、期待をかけてあげる
⑬ 原稿を話し言葉で書いて、何度も練習して、ネタをつくる
⑭ 人との出会いを楽しもう

はじめに

年収1億円の人の会話術とは?

質問です。

「**あなたは、年収1億円を稼ぎたい人ですか?**」

答えがイエスでもノーでも、まったく問題はありません。

私は、職業柄多くのミリオネアの方々とお会いしますが、「**1億円稼ぎたくて、1億円稼いでいる人は滅多にいない**」というのが、多くのお金持ちを見てきた正直な所感です。

〝1億円稼ぎたくてしょうがなくて、どうにかやってきた〟というよりも、〝目の前の仕事に真摯に一生懸命取り組んできて、結果的に年収1億円になっている〟という方ばかりなのです。

考えてもみてください。

「1億円くれー!!!!」と言ってまわっている人を見たときに、あなたなら、その人にあこがれますか? むしろ引いてしまうのではないでしょうか。

あなたが稼げる人になるために大事なことは〝人が集まる人になる〟ことです。

これは多くの成功者に共通しています。チャンスはいつも人が持ってくるし、人が集まるからこそビジネスチャンスが生まれるのです。

つまり言い方を変えるならば、年収1億円の人の会話術とは、人が集まる人になるためのコミュニケーション術であるのです。

アメリカのパデュー大学の研究によると、同大学を卒業した学生の5年以上にわたる詳細な記録で、こんな驚くべき結果が出ています。

「人間関係の技術に長けた人は、優秀な学業成績を収めた人より収入が約15%上回り、人間関係の技術が拙い人より約33%も多くの収入を得ていた」

また、アメリカの「ユア・ライフ」誌のウィルフレッド・ファンク編集長による、数千人の成功者に対する調査結果によると、

「稼ぐ力と言葉を使う技術は大変密接に結びついているので、言葉を使う技術を磨けば収入が増える」

だというのです。

すなわち会話術を磨くことは、あなたの稼ぐ力に直結している。稼げるようになりたいなら、会話術を磨く必要があるのです。

そこで、本書を通してお伝えするコミュニケーションの技術と考え方を、「1億円会話術」と名付けることにします。

稼ぐために大事なのは、
“人が集まる人になる”こと

↓

人を集めるには、そのための
コミュニケーションが必要

↓

衝撃のデータ!

〈タイプ別収入データ〉

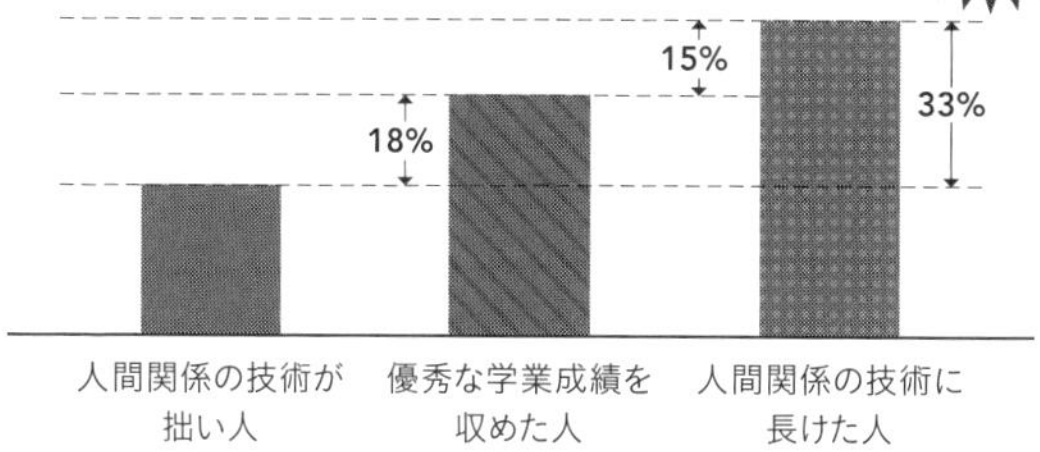

「人間関係の技術に長けた人は、
それが拙い人より**33%**も多く稼ぐ」

↓

つまり

稼ぎたいなら、
会話術を学ぶべき

私は、いまでこそ会社員時代からは考えられないほど収入を上げ、多くの成功者と言われる方々とつきあうようになりましたが、最初からそうだったわけではありません。むしろ人づきあいが苦手で友人が少ない。コミュニケーション、会話に関してはもっとも苦手とし、触れたくない分野でした。

もっともダメだったのは学生時代。

1年浪人をして23歳のときに社会人になったわけですが、残念ながら就職活動はまったくうまくいかず。そもそも大学3年から4年に上がるのが難しい状況のなかで、就職活動はまったく手つかずでした。面接も苦手で、できるだけ受けたくない。

なんとか4年に上がることができたものの、気がつけば同期のなかでは唯一就職先が決まっていないという大惨事。とにかく、どこでもいいから受からなければ……。

そこで、従業員数が多いところからエントリーして、そのなかで最初に内定をくれた大手通信会社に入社。

振り返ってみれば、こんなにありがたい話はありません。勉強もできない、面接も受けたくない、行動も遅い、そんな学生を採用してくれたわけですから。

しかも、わがままなことに私には〝働くうえで、絶対にこのことだけは外せない〟という条件がありました。

それが「人に会わない仕事をする」ということだったのです。

なにせコミュニケーションに自信がなく、赤面症。営業のように人に会う仕事は絶対に無理だと思っていました。ですから、最終的に何とか内定をくれた大手通信会社のコールセンターの仕事は、渡りに船でした。

つまり、私ほどコミュニケーションに自信がなく、逃げてきた人間はいないと断言できるのです。だからこそ、はっきりと言えます。

会話術は、トレーニングでどうにでもなる。

これが、私が26歳から起業し、さまざまな経験やトレーニングを通して多くの人と会ってきた末の結論です。

私もコミュニケーションに自信がなかったからこそ、どうすればコミュニケーション力、会話術が向上するかを学び、体験をもって知ることができました。

あなたがコミュニケーション力に自信がなかったとしても、しっかりとトレーニングさえすれば、必ず高いコミュニケーション力を手にすることができます。

そして「1億円会話術」を手にすることができれば、あなたが人にコミュニケーションを教えることもできるようになります。


年収1億円を稼ぐ人たちは、よきコーチです。人に教えることができる人です。

最初から得意な人は、人に教えることができません。

たとえ年収1億円までは望まなかったとしても、あなたが会社のなかで出世をしていこうというなら、上司は部下のよきコーチになる必要があるでしょう。

だからこそ「1億円会話術」は、誰にも必要なスキルなのです。

本書が、あなたの会話術、コミュニケーション力を大きく変えることができる1冊になることをお約束します。

「1億円会話術」を会得して、人生を変えてください。

もくじ

うまくいく人がやっている

1億円会話術

第0章

「1億円会話術」を身につける前に知っておきたい、稼ぎ方のしくみ

第1章

「1億円会話術」で人脈を広げる

第2章

「1億円会話術」で人望を集める

第3章

「1億円会話術」でチャンスを掴む

第4章

「1億円会話術」ですべての問題を解決する

第5章

「1億円会話術」の極意

第0章

「1億円会話術」を身につける前に知っておきたい、稼ぎ方のしくみ

「年収1億円」を語る前に知っておかなければいけないこと

「1億円会話術」の具体的なスキルを学んでいく前に、第0章では、あなたのお金の概念を変えていきます。

まずお聞きします。

あなたは年収1億円を「本気で」稼ぎたい人ですか？

多くの人が「年収1億円稼ぎたいか」「稼ぎたくないか」と言われれば、おそらく「稼ぎたい」と答えるでしょう。お金はあっても困らないし、お金を持つことで自分のやりたいことに取り組めると思うから。

しかし「本気で」とまで言われると、躊躇《ちゅうちょ》してしまうのではないでしょうか。

私がまだ会社員だった26歳のころに、『成功の9ステップ』（幻冬舎）などで著名な成功者のジェームス・スキナー氏の講演を聞きに行ったことがあります。

彼はその講演のなかで、こういった話をしていました。

「あなたの欲しい年収はいくらですか?」

このとき私は、「1000万円欲しい」と紙に書きました。すると彼は、

「もし、いま1000万円、2000万円と書いたなら、あなたはとてもわがままな人です」


と言いました。

……え? まあ確かに不景気のいま、年収1000万円も望むのはわがままだよね、もっと金額を少なくしよう。そう思っていると、

「もし、いまあなたが自分の欲しい年収を下げようと思ったなら、あなたはもっとわがままです。なぜなら年収1000~2000万円くらいで満足する人は、自分の幸せしか考えていないから。あなたがもしまわりの人を助けたいと思うなら、世の中に貢献したいと

思うなら、その収入で本当に十分ですか？」

私の収入に対する概念が大きく変わった出来事でした。そして彼はこう続けました。

「あなたの欲しい年収に、ゼロをひとつ足してください。

あなたが望むのは自由です。目標が現実的であることが大事ではありません。

目標が現実的じゃなくても、計画を現実的なものにすればいいだけ。

人生は、望んだものしか手に入れることができません。

まずは大きく望むことから始めてみましょう」


もしこういったお金に対する概念を大きく変えるような出来事が起こっていなければ、おそらくそこまで本気で年収1億円を目指そうという人はいないでしょう。そして、年収1億円を目指すことだけが正解だと言うつもりも、もちろんありません。

あらためて伺います。

あなたは本気で年収1億円を稼ぎたいですか？

多くの人は「本気で、と言うほどではないかも……」となるのではないでしょうか。

はっきり言いますが、1億円もお金があっても、意外と使い道はありません。

本書の冒頭でも言いましたが、年収1億円を達成する人たちは、最初から年収1億円を目指していません。むしろ目の前の仕事に真剣に取り組んでいたら年収1億円までいった人がほとんどです。

いままでと同じがんばり方では、年収1億円の世界は見えない

私にしても、当時、これから起業して成功していこうと野心に燃えていても、年収1億円までの野望を持てていたかと言われれば、そんなことはありませんでした。

年収1億円までを目指すためには、何かきっかけが必要なのです。

ですから、この本では、すでに年収を1億円稼いでいる人たちが大事にしていることよりも、その人たちが年収1億円に到達するまでの間にどういったことを大事にしていたのか？　ということを主軸にしてお伝えしていきます。

もしもあなたが本気で年収1億円を目指そうというのなら、まず取り組まなければならないのは「がんばり方を変える」ことです。「職業に貴賎はない」と言いますが、残念ながら職業によって稼ぎやすさの違いがあるからです。

たとえば、コンビニエンスストアのアルバイトに一生懸命に取り組んだとしても、せいぜい時給1500円程度、どんなに働いても月収にして30万円から40万円が精一杯でしょう。

それが悪いということではありません。しかし、あなたがもし年収1億円を本気で目指そうというのなら、残念ながらそれでは到達しないのです。

「**能力は努力の差で決まるが、結果・成果はしくみの差で決まる**」という言葉があります。

どんなに能力が高くても、合わないしくみのなかでがんばっていては、自分の望む結果には到達しないのです。

1億円
会話術の
ポイント
1

1億円を目指すなら「1億円にふさわしいがんばり方」をしよう

年収1億円を実現するには、コミュニケーション力が必須

どんな人たちが年収1億円を稼いでいるのかについても、ご紹介していきましょう。

あなたがいまよりも収入を上げたい、年収1億円稼ぎたいと思うなら、働き方には種類があるということを知っておく必要があります。

これに関しては前著『なぜ、あの人は「お金」にも「時間」にも余裕があるのか？』（きずな出版）に詳しく書きましたので、ここでは簡単に概要だけをご紹介します。

世界的ベストセラー『金持ち父さん貧乏父さん』（筑摩書房）で有名なロバート・キヨサキ氏は、『金持ち父さんのキャッシュフロー・クワドラント』（筑摩書房）という書籍のなかで、働き方を4つの枠組みに分けて提唱しています。

次のページの4つのクワドラントです。

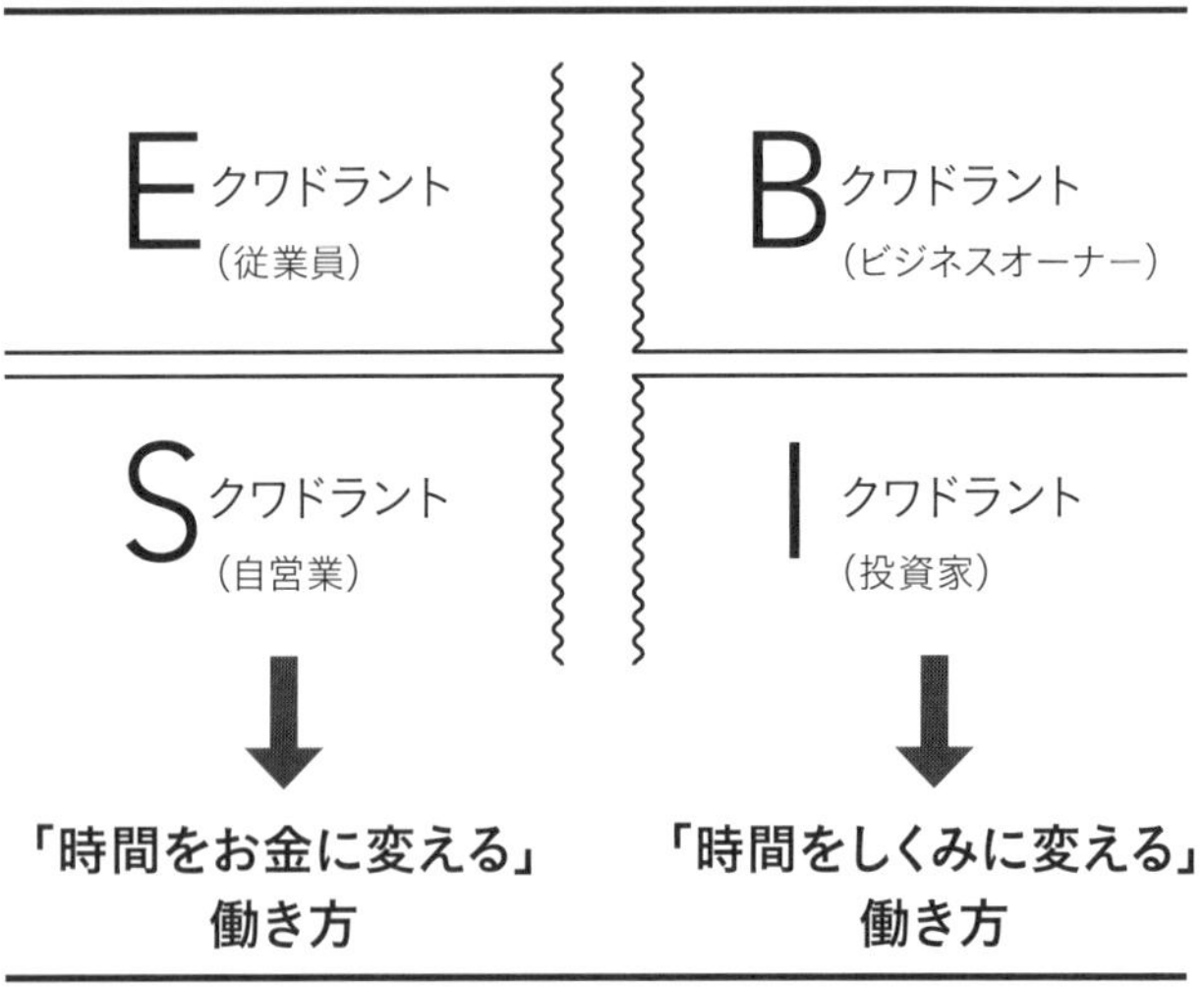

まず大事なことは、各クワドラントに正解・不正解はないということです。

これらすべてのクワドラントがあって、世の中は動いています。ですから優劣という話ではないということを念頭に置いてください。

そのうえで左側のクワドラントと、右側のクワドラントでは概念が大きく異なります。

左側のクワドラントは、時間をお金に変える働き方を中心とし、右側のクワドラントは時間をしくみに変える働き方をしています。

しくみに変えるとは、不動産を持つ、長期の株式投資をする、自動化されたビジネスを持つ、協力者を募って仲間とともにビジネスを立ち上げる、などといった方法です。

こまかい部分はさておき、それぞれのクワドラントで年収1億円を目指す場合、次のようになります。

働き方別、1億円の目指し方

・Eクワドラント（従業員）の場合

雇われ社長を目指す。もしくは外資系企業など、高い年俸が期待される仕事につく。

・Sクワドラント（自営業）の場合

単価の高い仕事をする。具体的には法律や税務など。ほかの人にはできない特別な仕事をできるようになることが重要。

・Bクワドラント（ビジネスオーナー）の場合

① 自動化されたシステムを持つ

→ネットの通販ビジネスやYouTubeなどのように、一度構築したらずっと残るしくみのうえで努力をしていく。

② ビジネスチームを持つ

→自分を信頼し応援してくれる仲間を募る。自分よりも優秀な人から人望を得られるかが鍵となる。

・Iクワドラント（投資家）の場合

優秀な投資のパートナーを探し、優良な対象に投資していく。多くの場合いきなり多額を投資することが難しいため、小額から投資額を積み上げていくか、何らかのビジネスによって得たお金を投資し、投資の収益とほかのクワドラントの掛け算をおこなう。

これら4つのクワドラントのなかで、もっともコミュニケーション力が求められるのはビジネスオーナーで、なおかつ②の「ビジネスチームを持つ人」です。

この領域でもっとも有名な人物と言えば、「鉄鋼王」と呼ばれるアンドリュー・カーネギーでしょう。

彼の墓碑銘には、「自分より優秀な者の力を借りる術を知っていた男、ここに眠る」と書かれているそうです。いかに彼が多くの人の力を借りて成功してきたのかを明かす墓碑銘と言えるでしょう。

また自動車会社フォード・モーターの創立者ヘンリー・フォードにも、このような逸話があるのは有名です。

あるとき、エリート金融マンたちが駆けつけたそうです。

そこで、金融マンたちがフォードに難しい質問を投げます。

高卒だったフォードにとって、それは答えるのは難しい質問でした。その姿を見てエリートたちは得意になっていますが、フォードはこう答えたそうです。

「私はその質問に答えることができないが、その答えを知っている者に5分で連絡をつけることができる」

フォードやカーネギーに限らず、偉大な経営者の方々は、そのほとんどが人づきあいの天才です。

そして、有名でなくても大きな結果をつくっている人もたくさんいますし、そうした人たちも総じて人づきあいがうまい。話していても面白いし、一緒にいたくなる。会話術に明らかに長けているのです。

もしあなたに特殊な能力がなく、また多額の金融資産を有しているわけでもないなかで年収1億円を目指すなら、Bクワドラント、つまり「ビジネスオーナー」から目指すといいでしょう。そして、そのためには、コミュニケーションについて学ぶことが第一歩となっていくはずです。

1億円
会話術の
ポイント
2

「ビジネスオーナー」から年収1億円を目指そう

コミュニケーションについて学ぶことは、コスパがいい

「**評価経済社会**」という言葉をご存じでしょうか。

これまでは「資本主義経済」と言われるものが主流でした。これはつまり「資本＝お金」を持っている人がもっとも偉い、企業家や資本家がもっとも偉いという考え方に基づきます。

しかし、現代社会ではこの資本主義経済という考え方が大きく変化しています。

それはつまり、お金よりも価値があるものがある世の中に変わってきているということです。では、お金よりも価値があるものとは何か？

それは「世間からの評価」と「認知度」です。

お金はまったくなくても、この2つを有している人は、新しいことにどんどん挑戦することができ、十分に豊かな生活をできるという状況にあるのです。

たとえばSNSでフォロワーが100万人いれば、1億円稼ぐのはそう難しくありません。しかし、1億円かけてもSNSで100万人のフォロワーをつくるのは難しいです。もっと言えば、誰もが知っている有名人であっても、SNSでフォローをしてもらえるかどうかは「認知度」よりもその人の「信用度」に比例する傾向にあります。

認知度が高くても、そこにお金を支払ってもらえるとは限らないのです。

誰もが知っている有名人がオンラインサロンを始めてみたものの、ほとんど人が集まらなかったというのはよくあるオチです。認知度が高いだけでは、残念ながら稼ぐことができない世の中になっているのです。

つまりこれからの世の中で重要なのは、

「認知度×信用度」

なのです。

少し言い方を変えれば認知度という〝広さ〟と、信用度という〝深さ〟を掛け算して収入が決まってくるとも言えます。これを「**信用経済**」とも呼びます。

矛盾するようですが、稼いでいこうと思うなら、先に必要なのはお金を稼ぐことを一生懸命にやるよりも、まず信用持ちになることです。深い信用を勝ち得ていれば、収入を得る方法はいくらでもあります。

すでにある程度資産形成をしていてお金もある、資産もあるのであれば、評価経済社会で戦っていく必要はないかもしれません。

しかし、もしあなたがゼロから戦っていくのであれば、信用持ちになり、誰からも応援されるあなたになっていくのが、年収1億円に近づくための最大の近道なのです。

信用はコミュニケーションから生まれる

では、一体どういう人が信用持ちになれるのでしょうか？

その答えが「コミュニケーション力」です。

たとえば、あなたがこんな人に出会ったとしたらどう思うでしょうか？

・常に偉そう
・態度が横柄
・終始、腕組みや足組みをしている
・話をしてもうなずかない
・すぐに人の話に割り込んでくる

たとえどんなに偉い役職についていたとしても、こんな人を信頼し、その人を応援しようと思わないのではないでしょうか。

確かに権力はあるかもしれませんが、鼻について胡散臭い。尊大で偉そうで、人の気持ちがわからなそうな印象がある。いまの時代は、そんな人には誰もついていきません。

高いコミュニケーション力の根底にあるのは、人への尊敬です。

「もしかしたら自分にもわからない、もしくは知らない情報があるかもしれない。この人は少なくとも自分とは違う生き方を何十年としているわけだから、そのことには敬意を払うべきだ」

そんな謙虚な姿勢で人と関わっている人こそ、尊敬と信頼を集めるのです。

あなたは、どちらの人を信用しますか？

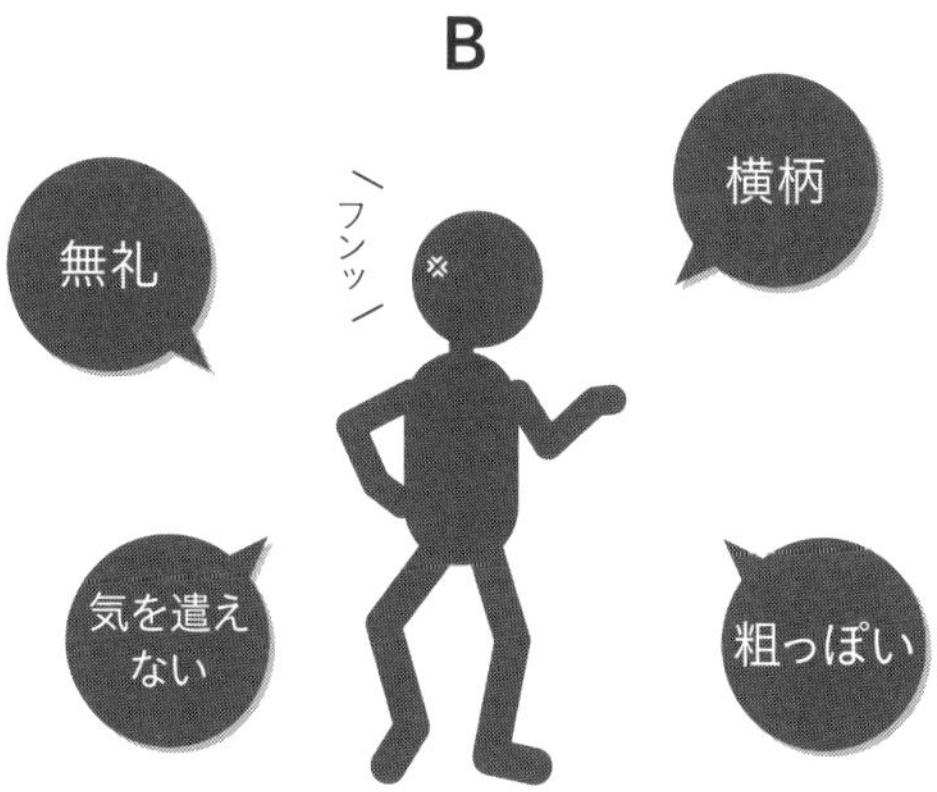

話を戻すとコミュニケーション力は、

「技術×姿勢」

で決まります。

そのどちらも、ほとんどの人はきちんと勉強しません。

とくに、技術よりも姿勢のほうが、相手に与える影響の差は大きいでしょう。

なぜなら技術にマイナスはありませんが、姿勢には悪い印象を与えるものがあるから。

なまじ技術が高くても、姿勢が悪い人は印象が大きくマイナスになってしまうことがあるのです。

学生時代にコミュニケーションについての授業を受けたことがある人は、おそらくいないことでしょう。日本においては、コミュニケーションとは学ぶものである、という意識は持たれていないのです。

つまり、いままで学んでこなかった人にとっても、ゼロからコミュニケーションについて学んでいく価値は非常に高いと言えます。

なぜならば、ライバルたちのほとんどがコミュニケーションについて学んでいないからです。しっかりと学んでいないのだから、自信がなくて当然です。これまであなたが学んできていないように、ほとんどの人は学んでいません。

だから、コミュニケーション力を高めることが、まわりとの明らかな差をつくるきっかけになるのです。

その具体的な方法は、本書でどんどん明かしていきます。

コミュニケーションについて真剣に学ぶ。これほどコスパのいいものはないのです。

1億円会話術のポイント
3
信用経済の時代においては、コミュニケーション力がより武器になる

現代最強の錬金術は「出会い」である

いまの時代、成功するための最強の法則はたったひとつです。

それは〝人が集まるあなたになる〟ということ。

ひと昔前ならたとえ人が集まらなくても、金儲けだけうまい人が成功していた時代もありました。「金で人は買えるが、尊敬は買えない」という格言もありましたが、いまはまったくそういった時代ではありません。

むしろ、お金ではまったく人を買えない（ついてこない）時代になっています。尊敬はなおさら買うことができないでしょう。

金があれば何でも買える時代は終わったのです。

ではなぜ、人が集まることがそんなに大事なのでしょうか？

理由は、大きく次の3つになるでしょう。

① 稼ぐ基本は人が集まることにある

② チャンスはいつも人が持ってくる

③ 人との出会いが自分を成長させる

それぞれ説明していきます。

人を集められる存在になることの3つのメリット

① 稼ぐ基本は人が集まることにある

たとえあなたがどんな仕事をしたとしても、必ず人を集めることで成り立っています。

もしかしたら、あなたは「私は事務職だから人を集めることとは関係がない」と思っているかもしれませんが、会社という組織で動くことによってあなたが直接人を集めなくても済んでいるというだけで、誰かが必ず人を集めています。

人集めといえば印象が悪いかもしれませんが、インターネットビジネスであれ、飲食店や小売店であれ、人を集めること以上に大事なことはないのです。

そして「人を集める」だけでは、最初のうちはうまくいっても長くは続きません。集めるにはお願いをする必要があるでしょう。お願いをされて集まっている人は、やがて面倒になり集まらなくなるからです。

最初のうちはお願いして「人を集める」から始めていいのですが、集まった人を大事にして「人が集まる」自分を目指しましょう。

② チャンスはいつも人が持ってくる

私はいま、書籍以外にも、講演会やコンサル、個人向けの研修など、さまざまな分野で活動しています。

どのように、これらのことができるようになってきたのか。

その答えは、人との出会いです。

たとえば出版に関しては、もともと望んでいたわけではありません。

元・吉本興業マネジャーの大谷由里子先生主催の、日本一の講師を決める大会「全国・講師オーディション2015」で決勝に残ったことからご縁があり、そこから出版社の編集者につながり、出版をするところまでにいたりました。

振り返ってみて、私の人生で、人とのご縁なしでチャンスが広がったことは一度もありません。きっとあなたもそうではないでしょうか？

何らかのご縁があったからチャンスを掴めたはずです。

ご縁を大事にする人が、チャンスを掴んでいくのです。

③ 人との出会いが自分を成長させる

ダイヤモンドはダイヤモンドでしか磨けないように、人は人でしか磨けません。

人は全員ダイヤモンドの原石です。しかしダイヤというのはとても硬く、ダイヤを磨こうと思ったら同じダイヤでしか磨くことができません。

ですから、あなたの成長をもっとも早く促す方法は、人と出会うこと。

出会いの幅が広がると、あなたの成長の速度はいちじるしく上がることでしょう。

人が集まるあなたになるということは、

- **商売で成功する**
- **チャンスを掴んでいく**
- **自己成長していく**

これらどの面をとっても有効な方法なのです。

1億円会話術のポイント
4

「人が集まる人」を目指そう

第1章

「1億円会話術」で人脈を広げる

いますぐ友人100人をリストアップできますか？

〝人が集まる自分になる〟ことの大事さはもう伝わったと思います。

それでは実際にどのようにして人が集まる人になればいいのでしょうか？　つまり、人脈を広げていけばいいのでしょうか？

多くの人は人脈を求め、新しいところに行こうとします。

しかし、ちょっと待ってください。

一度、立ち止まって考えてみてほしいのです。

- **新しい人に出会うための労力**
- **既存の友人を大事にするための労力**

どちらのほうがラクだと思いますか？

当然ですが、既存の友人を大事にすることのほうがずっとラクで簡単です。

ですから新しい人脈を求めることの前に、既存の友人を大事にすることから始めてほしいのです。人は消耗品ではありません。1人ずつしっかりとつきあいましょう。

近くの人に興味を持とう

親・兄弟はもちろん、学生時代の友人、社会に出てからの友人……年齢を重ねるたびに多くの人たちと出会ってきたはずです。私たちは一般的には「年齢×10人」程度と出会っているのが目安だそうです。

では、いざ既存の友人を大事にしてほしいと言われたときに、あなたはいったい何人の友人が頭に浮かびますか?

ちなみに私が26歳のときに、人脈の大事さを知り、まずは最初にしたほうがいいと言われたのは〝100人の友人をリストアップする〟ことでした。

この「100人リストアップ」の何がいいかと言うと、いままでの自分の生き方が明確になるという効果があることです。

恥ずかしいですが、正直に私の話をします。

私が起業を志したときに、メンターからこう言われました。

「岡崎くんがいままでどれだけ人を大事にしてきたか、それを確認してみよう。まずは携帯電話など見ないで、記憶のなかで覚えている友人を書き出してみるといい」

言われるがままに書き出してみようとすると……

なんと、たったの10人も思い浮かばない！

「年齢×10人」は出会えているはずと言われているにもかかわらず、100人どころか10人すら挙げることができない。いかにいままで自分が友人を大事にしてこなかったのか、このことに直面する出来事でした。

そこで苦しみながら私の兄と弟を書きましたが、ここでもなんと……

兄と弟の連絡先を知らなかった……！

これにはもう、笑うしかありません。

身内のことすら興味を持たずに、友人に興味なんか持てるはずありません。

ですから、私はこの100人リストアップによって、いままでいかに友人はもちろん、家族すらも大事にしてこなかったのか、ということに気づいたのです。

もしこの事実に気づかず人生を続けていたら、いったいどんな人間関係をつくって年齢を重ねていたことか……思い出すだけで恐ろしい話です。

100人リストアップによって、きっとあなたのいままでの人間関係が明らかになるはずです。

ただし、大事なのはこの100人はあくまで、あなたのいままでの生き方を知るための確認です。100人も挙がらなかったからといって凹む必要もありませんし、この100人に対して何かを売り込もうとする必要もありません。

邪《よこしま》な気持ちで、何か売り込もうという前提でリストアップすると、本当の友人ではなく売りやすそうな友人を挙げてしまいます。それではまったく意味がありません。

100人リストアップの目的は「現状把握」です。

地図を見て道のりを確認するにしても、いま自分がどこにいるかを知らなければ、道を選ぶことはできません。

同じようにいま自分がどういった状況にあるのかを知らなければ、これからどうやって人脈を増やしていけばいいのかということの判断もできないのです。

人脈を広げるための第一歩は、現状を把握するということ。

あなたが自分の現状を把握するために、正直にこの100人リストアップをおこなってみてください。

1億円会話術のポイント 5

「100人リストアップ」で、自分の現状を把握する

ワーク

あなたの友人リスト

何も見ずに名前を書き出してみよう！

1	21	41	61	81
2	22	42	62	82
3	23	43	63	83
4	24	44	64	84
5	25	45	65	85
6	26	46	66	86
7	27	47	67	87
8	28	48	68	88
9	29	49	69	89
10	30	50	70	90
11	31	51	71	91
12	32	52	72	92
13	33	53	73	93
14	34	54	74	94
15	35	55	75	95
16	36	56	76	96
17	37	57	77	97
18	38	58	78	98
19	39	59	79	99
20	40	60	80	100

初対面で人を魅了するシンプルな4つの方法

人に出会うことはもちろん大事ですが、その前に考えなければいけないことがあります。

それは「相手から見て、あなたがつながりたい人かどうか」です。

多くの人が、学校生活という閉鎖的な環境のなかで「みんな仲よくしなさい」と言われて育ってきたはずです。その閉鎖的な環境ですら、全員と仲よくするのは難しかったのではないでしょうか。

ですから、社会人になって、誰とでもつながることができるという状況のなかでは、出会ったからという理由だけで仲よくなることは難しいのです。

なぜなら学生と違って、向こうから積極的に仲よくなろうとはしてくれないからです。

あなたがまずしなければならないことは、「あなたと出会ってよかった」と思われる人になることです。

とくに、人脈を広げるうえで大事になってくるのは「第一印象」です。

大きなアプローチをしない限り第一印象は3年間続く、と言う心理学者もいます。

それほど大事な第一印象ですから、あなたが人脈を広げていくためにまずしなければならないことは、あなたの第一印象をよくしていくことなのです。

次の4つの点に照らし合わせて、あなたの第一印象をよくする工夫をしてみてください。

① 身だしなみ
② 笑顔
③ リアクション
④ 感謝（挨拶）

それぞれ見ていきましょう。

第一印象をよくするには？

① 身だしなみ

たとえばあなたは、ラベルの貼っていないペットボトルを購入し、飲もうと思いますか？怖くて買うことも飲むこともできないはずです。ラベルに「美味しい水」とか「○○天然水」と書いてあれば安心して購入できるものも、ラベルがないだけで手にされません。

そのぐらい、見た目の影響力というのは大きいのです。

ですから、あなたの身だしなみも当然大きな影響を与えます。身だしなみが悪い人は、会話に進む前に判断されてしまい、深い信頼関係を築くまでの入り口にすら立てません。

もしかしたらあなたなりにおしゃれをしているのかもしれません。しかし相手にとってそれはおしゃれではなく、単なる自己満足のように見えていることもあります。

身だしなみにおいてもっとも大事な基準は「相手がどう受け取るか」です。

間違ってもあなたの好き嫌いではないのです。とくに清潔感に関しては、こだわる必要があるでしょう。人から見て好感を持たれる印象を心がけてください。

② 笑顔

あなたがコンビニエンスストアに行ったとします。
そのときの店員さんの様子で、次の2つがあったとしたら、どのように思いますか？
（1）「いらっしゃいませ」と言葉だけで言う
（2）「いらっしゃいませ」と笑顔とともに言う
間違いなく（2）のほうが印象がよく、また行きたいと思うはずです。
コンビニエンスストアの接客ですら、笑顔ひとつで印象が変わるのです。
だから、笑顔は人間に与えられた最強の武器です。
ちなみに赤ちゃんは親と目が合うとよく笑います。なぜかご存じですか？
これを「社会的微笑」といいます。じつは生まれ持ったもの。人間には生まれ持って微笑むことの大事さが備わっているのです。

ここで質問です。

「あなたは笑顔の練習をしたことがありますか？」

笑顔が大事だということを知らない人はいないでしょう。にもかかわらず、笑顔の練習をする人は少ない。素敵な笑顔をつくれるようになると、それだけでまわりの人よりもアドバンテージが発生します。講師業などをしていると舞台裏を見ることが多いですが、人前に立つ前に顔のストレッチをしている講師も少なくありません。身体と一緒です。顔も筋肉ですから、動かさないと動かなくなるのです。

素敵な笑顔のコツは、目尻を下げて口角を上げる、これだけです。

ぜひ鏡の前で練習してみてください。

③ リアクション

私は自分の講座のなかで「**リアクションは愛である**」と教えています。リアクションをすることは愛情表現のひとつなのです。

想像してみてください、大好きな人とデートをしたとします。あなたが一生懸命話しかけます。しかし残念ながら相手は一向に話を聞いているそぶりを見せてくれません。

あなたは自分が愛されていると感じますか？　きっと愛されている、大事にされている、とは感じないはずです。

リアクションは、相手に対して関心があり、愛情を持って接しているという証なのです。

とくに日本人はリアクションが下手です。

最初のうちは普段の2倍くらいオーバーにするイメージでやるといいでしょう。

慣れてきたらリアクションのバリエーションを増やしましょう。

通り一遍のリアクションでは、話を聞いているように相手に伝わりません。

「はい！」だけではなく、「なるほど」「それはすごい！」など相づちを打ってもいいです。

オウム返しも非常に有効です。

たとえば上司から、「○○をしてほしい」と指示されたら、「○○ですね、承知しました！」と復唱するようにしましょう。それだけで相手の印象が大きく変わるはずです。

「リアクションは愛である」と覚えてくださいね。

④ 感謝（挨拶）

あなたが朝、会社に行って、人と会ったときに暗い声で「おはよう」と言われたらどう感じるでしょうか？　もっと言えば、挨拶すらなかったら？

挨拶は人間関係の基本であり、第一印象を決定付ける要因になっています。

明るい声で、笑顔で挨拶をする。このことほど第一印象をよくする方法はありません。

ちなみに人がもっとも印象よく感じる音域は「ファ」「ソ」くらいと言われています。

厳密でなくていいですが、自分なりに「ドレミファソ〜♪」と声に出してみてください。

そのときの「ファ」「ソ」くらいの音域で問題ありません。**つまり「ちょっと高め」を意識して声を出したらいい、ということです。**

そして、この第一印象をよくするための挨拶の大事さはもちろんですが、もうひとつ付け加えたいのが「感謝」です。

感謝の言葉には、人をオープンにさせてくれる魔法がかかっています。

第一声の挨拶をするときに「今日はお会いできてうれしいです。ありがとうございます」と感謝を伝えてみてほしいのです。

ちなみに私の友人経営者は、電話を取るときの第一声は「もしもし」ではなく、「ありがとう！」と出るようにしている、と言っていました。

私もそれを真似するようになってから、人間関係がよりよくなったように感じています。

人に会ったあとにお礼を伝えるのはもちろんですが、会うという行為をしてくれた、それだけの労力を費やしてくれた、ということに感謝をして、「ありがとう」から入る人間関係をつくってみてはいかがでしょうか？


さて、これら4つについてよく見てみると、表面的なことばかりです。

前述した通り、人間は内面を見る前に、目で見える部分で第一印象を判断しています。

人は見た目がすべてではない、間違いなくそうです。しかし、中身を判断される前に見た目で決められてしまう、ということを意識してみてください。

ただし、あなたが人を見るときには気をつけてほしいことがあります。矛盾するようですが、人を見た目で判断しないということ。

一歩引いて考えてみてください。いつもいつも明るく楽しそうにふるまっているのは、難しいことです。人間だから日によっては不機嫌で、態度が悪くなってしまうことだってあるのです。もしかしたら、あなたが抱いた誰かへの第一印象は、偶然、その人が体調の悪いときだったかもしれません。

だからあなたは第一印象をよくする努力をしていただきたいですが、あなたが人を判断するときには第一印象で決めないことをおすすめします。第一印象はイマイチだったけど一生のつきあいができる人だって必ずいるからです。

人脈を広げるために、あなた自身は第一印象をよくする努力をすること、そしてあなたは人のことを第一印象で判断しないことが大事なのです。

1億円
会話術の
ポイント
6

「身だしなみ」「笑顔」「リアクション」「感謝(挨拶)」を意識する

シンプルな

第一印象をよくする④つの方法

① 好感を持たれる身だしなみ

② 素敵な笑顔

③ 愛を感じさせるリアクション

④ 感謝を伝える挨拶

1億円を稼ぐ人に「気づかい」と「心づかい」ができない人はいない

人脈が広い人は「気づかい」や「心づかい」ができる人が多いものです。

気づかいや心づかいができる人は一緒にいて気持ちいい。だからまわりに人が集まる。

あたりまえのことですが、意外とこれができていない人が多いのが、いまの時代でしょう。

あなたは、気づかいと心づかいの大事さについて考えたことがありますか？

私がある尊敬する経営者と食事をしていたときのこと、グラスが空くと最初に気づいて水を注いでまわるのは、私の直接のメンターでした。

店員さんよりも誰よりも先にそのことに気づく。誰か困っている人がいないか、何かできることはないかとまわりの状況を把握し、配慮することが気づかいになります。

成功するかしないかは気づきの差でもあるといえます。うまくいっている人は、気づくのがうまいのです。あそこに困っている人がいる、だからこんなことをしたらいいのではないか。世の中のこれが困りごとである、だからそのためにできることを探してみよう。

このように気づくことが、仕事や人間関係のきっかけになっていくのです。

著作家であり研究者の山口周さんの『ニュータイプの時代』（ダイヤモンド社）という本のなかでも、問題解決能力よりも問題発見能力のほうが必要とされる時代となっている、と論じられています。この問題発見をする力、気づく力というのは、これからますます重要視されてくることでしょう。

では、心づかいとは何でしょうか。

たとえば先の食事の席の例で、話がすごく盛り上がっていたとします。

その場合、話の腰を折らないほうがよい、相手に気持ちよく話してもらおう、そのために考えて行動しようとします。すると、お水を注ぐことよりも相手の話を集中して聞くことをあえて優先する、これが心づかいです。

心づかいとは、言い換えるなら相手を思う力、思いやりです。その人がいま何を考えているのか、感じているのかを想像し、その人が喜ぶことをおこなう。心づかいできる人というのは、誰からも尊敬を集めることができます。

歯科医師であり作家の井上裕之先生は、私の友人が出版記念講演をした際、一度しかお会いしていないはずなのに、わざわざ大きな花輪を贈っていらっしゃいました。これこそまさに心づかいです。その場にいなくても、その人が何をされたら喜ぶかということを考えて行動している。だから井上先生は多くの人から信頼され、応援されているのです。

要するに、

「気づかい」……その場に合わせた配慮、困りごとを減らす
「心づかい」……思いやり、相手を大事に思ってする行為

気づかいも心づかいも両方できるに越したことはありませんが、まずは気づかいから覚えていくといいでしょう。なぜなら気づかいは「その場で起こっていることに意識を向ける」ことさえしたら、誰でもできるからです。

そのために、次の3つの「目」を持つことを意識してみてください。

気づかいができるために持つべき3つの目

① 鳥の目

「全体的にどう動いているか」という状態を俯瞰《ふかん》していること。まずは全体がどのようになっているのかを把握することから始めましょう。

② 虫の目

細部にこだわりを持ちましょう。こまかいところに注意を払っていくのです。

コツは気づかいしたい相手の目線や、ちょっとした動作を気にかけることです。

たとえば中身の見えないグラスでも、水を飲み終えようとしていればグラスの傾きが違います。時計を見る仕草をしているのであれば時間を気にしているということでしょう。

相手の仕草にはその人の意図、本当はどうしたいのかが見え隠れしています。

注意深く相手の目線・仕草を気にすることで、虫の目のようにこまかい部分の気づかいができるようになるでしょう。

③ 魚の目

全体の〝流れ〟を読む力を身に付けましょう。

私はお世話になっている方と食事に行くときには極力自分が支払うようにしています。情報や意見をいただいているのであれば、そのぐらいは当然だと考えているからです。

そろそろ食事が終わりかな？ という状態がわかると、ドリンクの追加オーダーがないのを確認して、こそっと会計に行くことが多いです。ちょっとお手洗いで、という感じです。

なぜ「もうドリンクを頼まないだろうな」とわかるかというと簡単です。明らかに飲むスピードが落ちるから。全体の流れのなかでペースが落ちたなとか、次はこうしていきたいんだろうなということを想像して、行動していきましょう。

1億円会話術のポイント 7

鳥の目、虫の目、魚の目を持とう

1億円稼ぐ人は「またお願いします」と言わない

「ありがとうございます。また今度、お時間ください」

意気揚々と立ち去っていく男性を見ながら、私のメンターがひと言。

「彼が結果をつくるには、もう少し時間がかかるだろうね」

ついさっきまで楽しそうに話をしていましたし、まったく悪い印象がなかったので、私にとっては意外なことでした。

「なぜですか？」

「最後に『また今度、お時間ください』って言っただろ？　また今度、なんていう機会はないんだよ。『明確さは力』という言葉があるけれど、曖昧《あいまい》な言葉を使っていると曖昧な結果を引き寄せ、明確な言葉を使っていると明確な結果を引き寄せる。

もし本当にまた会いたいと思うなら、またぜひお会いしたいので、あとで日程の調整でご連絡してよろしいですか？　来月のご予定はいかがですか？　などと聞かなきゃいけない。少なくとも僕の力を借りたいと思っているなら、次につながるように、その場でアポを取るか、アポ取りの連絡をさせてもらう約束ぐらいはして帰らないと」

もしかしたら、忙しいなかであまり連絡したら悪いと思うかもしれません。しかし、成功している人も意外と時間を持て余していることがあります。お願いしたら気持ちよくOKがもらえることだってあるのです。

人に可愛がられる人の特徴があります。

それは「明るく」「カラッと」「元気で」「図々しい」ということ。

遠慮ばかりしていても可愛がられません。待っていたら成功している人が勝手に応援してくれるなんてことはないのです。自分からいかないとチャンスは掴めません。

ちなみに、そのあとに聞いた話ですが、その彼はお時間をいただいたお礼の連絡すらもなかったそうです。それではせっかくの縁もつながるはずがありません。

いいご縁をつなぐ2つのコツ

あなたが新しい人と出会って、その縁をつないでいきたいと思うなら、必ずやらなければならないことが2つあります。

（1）次の約束を取ること
（2）お礼を送ること

この2つです。

それぞれ見てみましょう。

（1）次の約束を取ること

人は会った「時間の長さ」よりも、会ったことのある「回数」のほうが信頼関係につながりやすいという心理があります。

たった1回しか会っていないのに信頼関係が深められる、もしくは深まったと思うのは大きな間違いです。だからこそ必ず次の約束を取りつけることが重要となってきます。

「72時間の法則」というのもあります。人は72時間以内に次のアクションをしないと行動しなくなってしまうという法則です。

可能なら連絡先を交換して3日以内に会う。さすがにそれだけの短期間でまた会うということは難しいかもしれません。しかし、3日以内に連絡を取って、次の約束をすることぐらいはできるはずです。信頼関係を深めたいと思う人とは必ず次のアポを取りましょう。

「しつこさもある一定を超えると熱意になる」と言う人もいますが、私はそこまでのことをしろとは言いません。

しかし、少なくとも大事にしたいなと感じた縁なら、半年先、1年先でもいいので、次の約束を取りつけるようにしましょう。

それだけ先の約束でも取れなかったら？

それはさすがに縁がなかったとあきらめたらいいですが、そのくらい会いたい、次につなげたいという思いを持っていることは大切なのです。

②お礼を送ること

お礼を送ることはとても重要ですし、コスパがいいです。

なぜなら、お礼をするというあたりまえのことができていない人のほうが多いから。

やる人が少ないから、相手の印象に非常に残りやすいです。

お礼の文章を送るときに重要なことはスピードです。内容よりもはるかにスピードのほうが重要だと覚えてください。

丁寧に長々と内容をつくって送ろうとすると、当然ですが時間がかかります。下手をしたら、その時間で相手があなたのことを忘れてしまうかもしれません。
ですから次の短い文章程度でも十分なので、まずはスピードを重視しましょう。

「今日はありがとうございました。〇〇さんとお会いできて光栄です。まずはアドバイスいただいた××からやってみたいと思います。やってみた結果どうだったか、またご連絡させてください。今後ともよろしくお願いします」

これだけの文章でも、

① アドバイスをしっかり受け取っていること
② そのアドバイスを実行する気があること
③ 結果報告にまた連絡を取ること

が含まれています。
この短い文章でもこれだけの情報を含むことができるのだから、何も一生懸命に時間をかけて文章をつくる必要なんてないのです。

いいご縁をつなぐ②つのコツ

① 次の約束を取る!

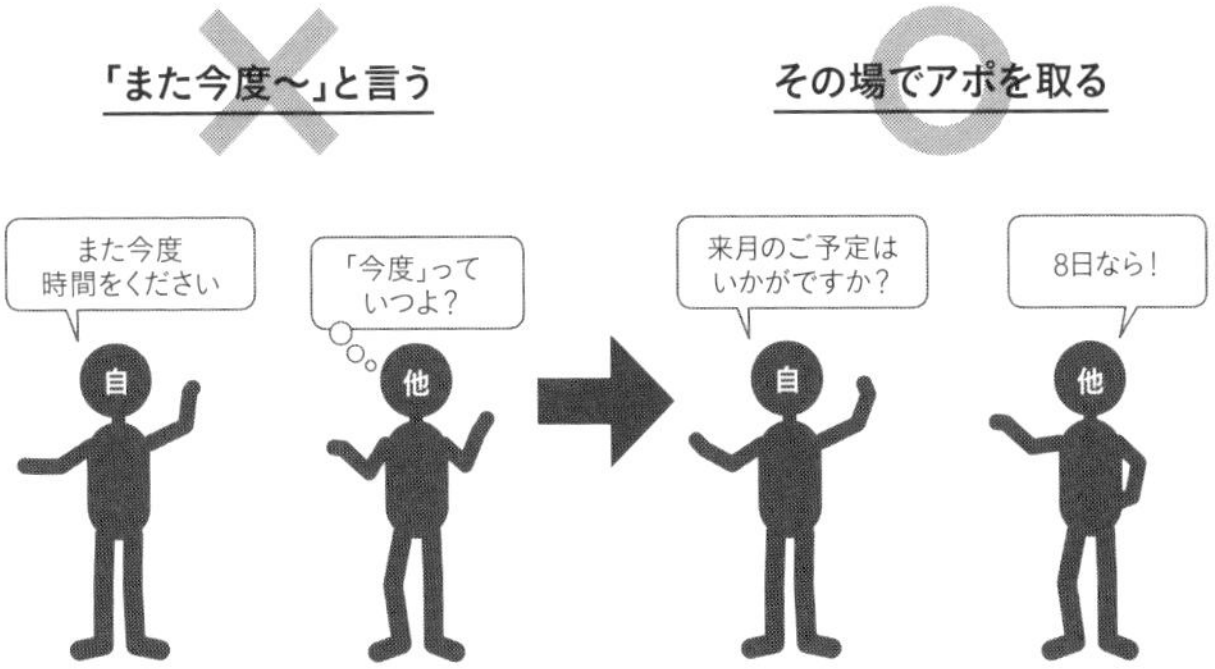
「また今度〜」と言う
その場でアポを取る
また今度
時間をください
「今度」って
いつよ?
自
他
来月のご予定は
いかがですか?
8日なら!
自
他

② 秒速でお礼をする!

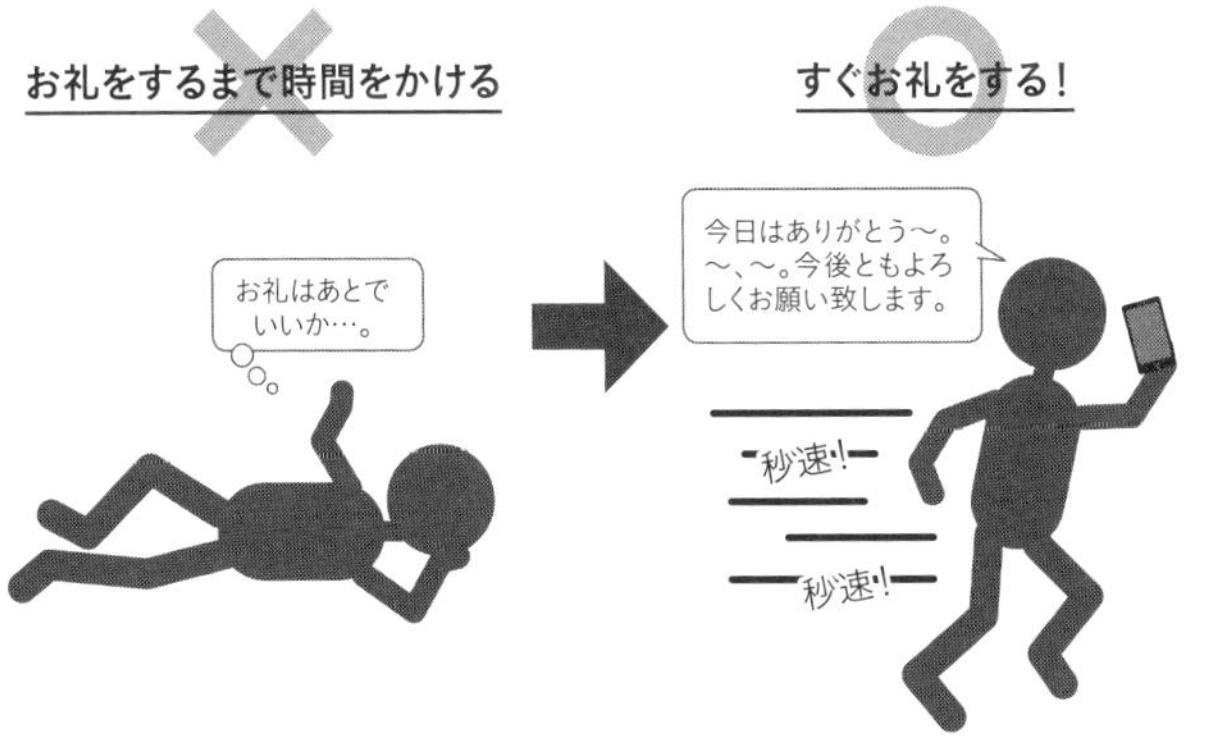
お礼をするまで時間をかける
すぐお礼をする!
お礼はあとで
いいか…。
今日はありがとう〜。
〜、〜。今後ともよろ
しくお願い致します。
秒速!
秒速!

むしろ別れてから数分のうちに、このようなお礼文が送られてきたら、あなたならどう感じますか？

「礼儀正しいな」「真面目そうだな」「スピードが速くて仕事ができそうだ」などとプラスの印象を受けるのではないでしょうか。

なにごとにおいても「スピード＝情熱」ですし、お礼に関しては「スピード＝誠実さ」なのです。人と会ったあとにすぐに送るお礼文ほど、好印象を残せる方法はないと思います。ぜひ実践してみてください。

1億円会話術のポイント
8

次の約束をその場で取りつけ、秒速でお礼メールをしよう

人脈を広げるための最強の方法

この章の最後に、「人脈を広げるための最強の方法」を伝授したいと思います。
その答えは簡単です。

「人に紹介してもらう」

これほど確かなことはないでしょう。

パーティの場などで出会ったとしても、どこの誰かよくわからない人をいきなり信頼することはありません。その場で楽しく話をすることができても次につながらない。そんなことも多いはずです。

人から紹介してもらった場合、間に入る人の信頼もプラスされることになります。紹介されたほうも、間に入る人の手前、新しい出会いを無下にすることはないでしょう。

だからこそ、人脈を広げていきたいと思うときにもっともいい方法は、人に紹介してもらうということなのです。

すばらしい紹介スパイラルに入るための3つの方法

とはいえ、人に紹介してもらうのは難しい。そういう方も多いと思います。

では、どのようにすれば人を紹介してもらうことができるでしょうか。

方法は3つあります。

（1）「紹介したい」と思われる人になる

（2）ひとつでいいから、わかりやすい強みを持つ

（3）「誰々を紹介してほしい」と具体的に言う

それぞれ説明します。

(1)「紹介したい」と思われる人になる

どうすれば紹介したいと思われる人になれるか、その答えは「あなたが紹介したいと思う人のように、あなた自身がなる」ことです。

あなたならどんな人を、大切なあなたの友人に紹介したいと思いますか？

ネガティブで不満ばかり言って、約束も守らない、時間も守らない、空気も読めなければ、気づかいもしない。そんな人だったら、おそらく誰にも紹介したくないはずです。紹介した自分の価値が下がるから。

逆に、真面目で向上心があって、誠実で、おしゃれで、話していて面白い。そういう人なら紹介したいはず。

いきなりすべてを兼ね備えていなくてもOKです。

ひとつずつ心がけてみてください。

できることが増えるたびに、人に紹介されることが増えていくはずです。

（2）ひとつでいいから、わかりやすい強みを持つ

ひとつでいいから、わかりやすいあなたの強みを持ってください。

たとえば「食べログ」の評価3・5以上の飲食店を100店舗以上まわった、山手線を一周歩いたことがある……など、なんでもいいです。そこまでやったことがある人は少ないでしょうが、時間をかければそう難しくなく達成できることがあるはずです。

ちなみに、私は毎年、富士登山をしています。

多くの人は五合目からの富士登山をしているのではないでしょうか。ただ、私は毎年登っているため、あるとき、もう五合目からでは物足りなくなりました。

そこで始めたのがゼロ合目からの富士登山。これはなかなかきつかった。

しかし、これもやってみて気がついたことがあります。じつはゼロ合目からの富士登山でも、3776メートルは登っていないということに……。

富士登山道の入口である北口本宮冨士浅間神社は標高約850メートルにあり、ここか

らだと、事実上2900メートルしか登っていないということになるのです。その事実を知って、「なんだか中途半端だなあ」と思っていました。

そこで初めて知ったのが、海抜0メートルからの富士登山。信じられないかもしれませんが海抜0メートルのルートがあるのです。

こんな体験をしている人はそう多くないでしょう。たいしてお金もかかりません、必要なのは気合と根性と体力。体力に関してはゆっくり登れば問題ないので時間でカバーすることができます。

馬鹿な話かもしれませんが、じつはこういった体験が人脈形成に非常に役に立ちます。あなたが友人を思い出すときに何を思い出すか考えてみてください。あれやこれやとたくさんのことを思い出すのではなく、とくに印象に残るひとつのこと、もしくはせいぜいあっても3つくらいのことで、その人を思い出すのではないでしょうか。

人の印象に残るめずらしい体験をしているというのは、人脈形成において非常に強い武器になります。私の座右の銘は「人生ネタづくり」なのですが、ぜひ人に語れるネタを増やしていきましょう。

（3）「誰々を紹介してほしい」と具体的に言う

誰も人を紹介してくれないと嘆いている人が多いのは、人を紹介してほしいとお願いしていないということです。案外「紹介してほしい」と言うと、紹介してくれたりします。

このときに大事なことは、いつも人に紹介してもらうことばかり考えずに、むしろあなたが人を紹介する人になっていくことです。

作家のジョン・キム先生が、「私は人間関係の交差点になりたい」とおっしゃっていましたが、その考え方は本当に素敵だと思います。自分が紹介してもらうだけではなく、人を紹介する側になる。そしてさまざまな人が自分を中心に交差していく。

そういう人間関係をつくることができたら、人脈に困ることはまずなくなるでしょう。

1億円会話術のポイント 9

「紹介したい」と思われる人になり、強みを持ち、そして「紹介が欲しい」と口に出そう

第2章

「1億円会話術」で人望を集める

人望がある人が上手にやっていること

「岡崎さん、もしビジネスオーナーとして年収1億円稼いでいきたいなら、大事なことは人望を集めることだよ」

メンターとのセッションで、私が「年収1億円稼ぐ人って、どんな人ですか？」と尋ねたときの答えです。

人望がある人は、なにごとにおいても必ず結果をつくることができます。

なぜなら、人望がある人からの依頼は断りたくないという衝動に駆られ、何とか達成したいという思いが強くなるから。この人のために力になりたい、そう思わされるのです。

では、この人望の正体とは何でしょうか。

たとえば知識が豊富で、さまざまなことを知っている人に出会ったときに、あなたは人望ある人だと感じるでしょうか？　残念ながら、知識があっても人望を集められるとは限りません。

知識をひけらかし、ぞんざいで偉そうな態度を取ろうものなら、人望どころか「頭がよければどんな態度を取ってもいいのか」と反感を買ってしまうことがあるはずです。**つまり頭の良し悪しと、人望の有無は関係ないのです。**

仕事の能力が高い人はどうでしょうか？　これも人望を集められるとは限りません。あなたの職場にも「仕事はできるけど嫌われている人」がいるのではないですか？　職場において、仕事ができるからといってその人に人望があるとは限らないのです。**つまり能力の高さと人望の有無も関係ないということです。**

当然ですが、**お金の有無と人望の有無は関係ありませんし、権力を持っていたり権威があることと人望の有無も関係ありません。**

「人望」という言葉を辞書で引くと、このように説明されています。

「その人に対して多くの人が寄せる尊敬・信頼・期待の心」

人望を集めるということに関してとくに重要なキーワードは「期待の心」です。

大きく期待されている人ほど、人望があると言えるということです。

ですから、人望を集めるということのなかでもっとも大事なのは、期待されているか、その期待に応えているかどうかなのです。

では、人はどんな期待をあなたにしているのでしょうか？

〝自尊心を高めてくれること〟を期待しています。

自尊心とは読んで字のごとく、自分を尊いと思う心です。尊い、価値があると感じているから自分を信頼することができるし、新たな挑戦をすることも、人に優しくすることもできるのです。

たとえば、すぐに自分のことを小馬鹿にしてくる人と一緒にいたらどうでしょうか？

おそらくは一緒にいたくないと思うはずです。なぜなら自尊心が下がるから。

逆に、あなたのことに非常に関心を持ち、しっかり話を聞いてくれて、そしてあなたの話はすばらしいと喜んでくれる、こんな人と一緒にいたらどうでしょうか？　おそらくはもっと一緒にいたいと思うはずです。なぜならば自分の話には価値があり、ひいては自分自身にも価値があると思わせてくれる、つまり自尊心を高めてくれる存在だから。

T-UPのうまさが、人望を左右する

「成功者はT-UP（ティーアップ）上手」といいます。

T-UPとは相手を立てて、行動することです。

たとえば講演会などで司会の方が講師の紹介をする。あれはまさにT-UPです。どんな経歴があるのか、いまどんな活躍をしているのか、自分で話したら単なる自慢話も、ほかの人が話すことで自然と聞くことができます。

一流どころのスピーカーでもT-UPなしで聴衆の関心をいきなり引くのは苦労します。芸能人などの超有名人ならば、何もしなくてもみんなが関心を持って聞いてくれるで

しょう。しかし、一部上場企業の社長クラスだったとしても、ほとんどの人は名前すら知らない人ですし、その企業の名前も知られていないことも多いので、「社長」としてT-UPされていなければ、やはり話を聞いてもらうのは難しかったりします。

T-UP上手な人は、人望を集めやすいです。

たとえばあなたが人と会っているときに、あなたのことをT-UPしてくれる人がいたらどうでしょうか？

私のメンターは「お世話になったことは一生言い続けなさい」「とくに人前でこそ些細なことでも感謝を伝えなさい」と言っていました。

たとえば、1年くらい前にお世話になったことでも、

「私が以前、困ったときに助けてくださったのは〇〇さんなんです。その節は本当にお世話になりました」

とT-UPするのです。そうすると言われたほうも気持ちがいいですから、あなたのことをもっと応援したいと思うはずです。

ただし、気をつけてほしいのは、自分がそれをされる側になったとき。

いつまでも過去にしてあげたことにとらわれて、相手との人間関係をマウンティング（上下関係をつくること）していると、人望を失っていってしまいます。

だからそういうときはT－UPを返してあげることです。

「いやいや、あなたが努力したからうまくいったんですよ。努力家ですごい！」

などと返してあげましょう。

そうやって互いにT－UPし合う関係は信頼も深まり、まわりから人望を得ることができるのです。

人望を集めたいと思うなら、あなたがあなたのまわりにいる人の自尊心を高める存在となること。とくにT－UP上手になっていきましょう。

1億円
会話術の
ポイント
10

他人の自尊心を高めてあげるコミュニケーションをする

相手の「自己肯定感」と「自己重要感」を高める話し方

自尊心を高める会話術とは。

簡単に言ってしまえば、まわりを喜ばせる会話術のことです。

あなたと会っていると嬉しくなる、すると自分には価値があると感じる、だからあなたともっといたいと思うし、あなたのことがもっと好きになっていく。

最近ではこういった感覚を「自己重要感」や「自己肯定感」と呼んでいます。

「自己重要感」とは、自分は重要な存在であり、ここにいなければならない存在であるという感覚です。

「自己肯定感」とは、自分もここにいていい、自分という存在そのものに価値があるはずだと感じられている状態です。

「自己」に関わる価値観の構造

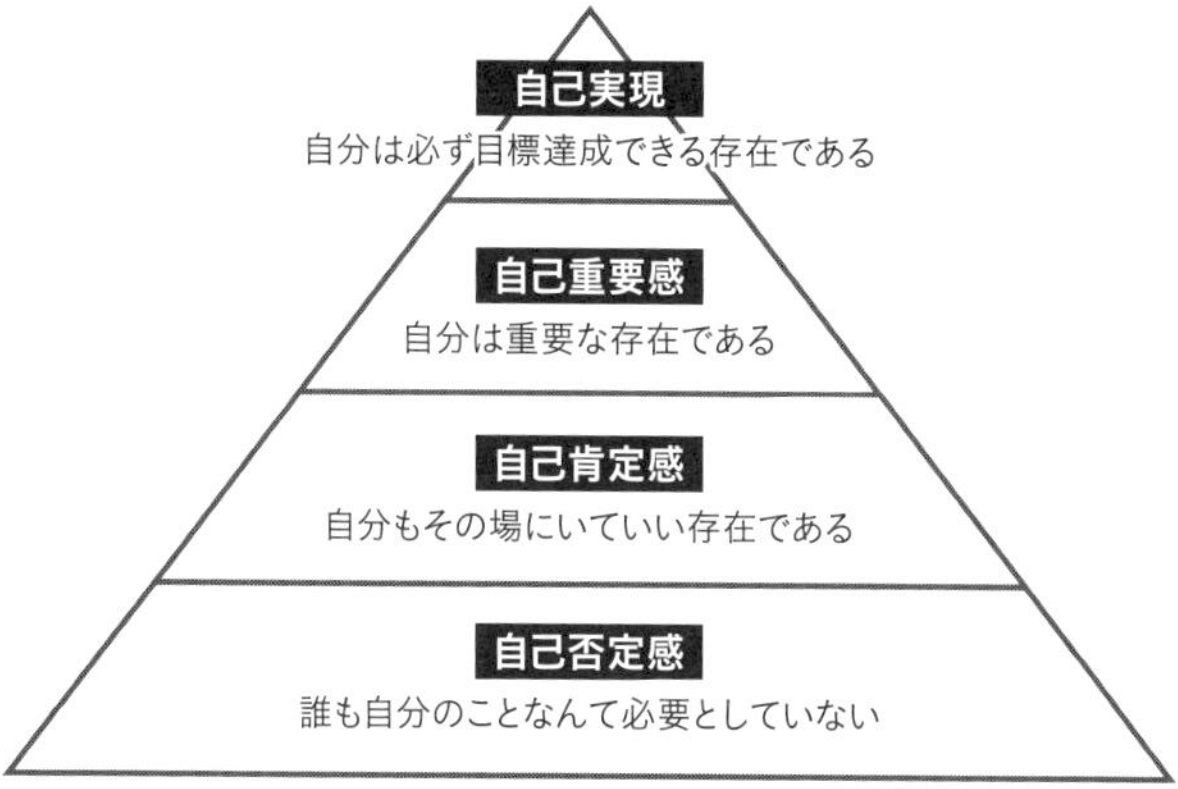
自己実現
自分は必ず目標達成できる存在である
自己重要感
自分は重要な存在である
自己肯定感
自分もその場にいていい存在である
自己否定感
誰も自分のことなんて必要としていない

これらの「自己」に関わる価値観は、ピラミッド構造になっています。

上の図の示す通り、一個ずつ自分のステージを上げていく必要があります。

自己肯定感を満たしたあとでしか、自己重要感を上げることができません。

では、実際に会話においてどのようなことを意識すれば、まわりの人の自己重要感や自己肯定感、すなわち自尊心を高めることができるでしょうか。

それには、次の3つのことを意識するといいでしょう。

相手の自尊心を高める会話の3つのコツ

① 話を聞く

相手の自尊心を高めるということにおいて、話をしっかりと聞くこと以上に重要なことはないでしょう。

人は話したい生き物です。なんとかして自分の話を聞いてもらいたい、しかし同様に自身の話を聞いてもらうことに一生懸命な人ばかりで、自分の話を真剣に聞いてくれる人がなかなかいない――。

そんななかで、自分の話をしっかり聞いてくれる人に出会ったら、どんな感覚になるでしょうか？　話を聞いてくれてありがたいな、自分の話には聞いてもらえるだけの価値があるんだ……つまり自分は価値がある人間なんだ、と感じるのではないでしょうか。

これが、自尊心を高めたということなのです。

話を聞いてくれる人が少ないなかで、あなたが積極的に聞き役にまわったのなら、相手にとってあなたは貴重な人であり、尊敬に値する人です。

だから結果的に、話を聞ける人というのは人望を集めることになります。

「話すは技術、聞くは器」と言います。話し方は練習すればうまくなりますが、聞き方は心構え、器の大きさがあらわれるのです。

あなた自身のことについても振り返ってみてください。今日、もしくは昨日のうちに、まわりの人とどんな会話をしましたか？　どの程度覚えているでしょうか？

もしかしたらほとんど覚えていないかもしれません。そのぐらい、人の話を聞くということには、意識の集中が必要なのです。

②　褒める

私の友人に、キャバクラに通うのが大好きな人がいます。キャバクラの良し悪しというのは置いておいて、その友人に「なんでそんなにキャバクラが好きなの？」と聞きました。

すると、とても面白い答えが返ってきました。

「キャバクラに行くと、僕の話をしっかり聞いてくれて、すごいすごいって褒めてくれるんだよね。だから気分がよくなって、また行きたいって思っちゃうんだ」

なぜ男はキャバクラに行くのか。その答えは話を聞いてもらいたいということと、褒めてもらいたいということの2つが大きな理由になっているのです。

お酒のプロがつくるわけでもないのに一杯1000円でも2000円でも支払っていく。考えたらこれはすごいことだと思いませんか。話を聞いてもらうことと、褒めてもらうことのために、男性はこれだけのお金を使っているのです。

でもきっと女性だって、髪を切った翌日に、「髪切ったんだ」「とっても素敵ですね！」と言われて悪い気がする人はそういないでしょう。

少なくとも男性でも女性でも、褒められて悪い気がする人はいないということです。

人を褒めるときには、次の3つのワードを使うと上手に褒めることができます。

「すごい」「素敵」「最高！」の3つです。

たとえば、

「すごい！　見事な調整でしたね」
「素敵なネクタイですね。とってもお似合いです」
「〇〇さんのお話、最高でした。早速実行させていただきます」

など、この3つの言葉は、褒め言葉を使うときにとても扱いやすいワードです。

気をつけていただきたいのは「すばらしい」という言葉です。すばらしいという言葉は原則、年上の人が年下の人に使う言葉です。仕事上においては上司が部下に使う言葉です。

たとえばあなたが小学生から、「すばらしい仕事ぶりですね」と言われたらどんな感じがしますか？　なんでお前に評価されなきゃいけねえんだよ、と思いますよね。

すばらしいという言葉は、使いようによっては敵をつくってしまうので気をつけましょう。

③ 感謝を伝える

「ありがとう」を漢字で書くと「有り難う」となります。有ることが難しいから、ありがとなのです。

ちなみに感謝の反対はわかりますか？　答えは「あたりまえ」です。あたりまえになってしまうと感謝の気持ちがなくなります。感謝の気持ちがなくなると相手への尊敬がなくなり、尊敬されていないということは相手の自尊心が下がることにつながります。

感謝をされていないと、人は自己否定感の世界に入っていってしまいます。「どうせ自分なんて必要とされていないから……」となるわけです。

自己否定感の世界に生きている人は、人からの感謝が少ない人、もしくは人への感謝が少ない人。そんな人の自尊心を高めたいと思ったら、感謝を伝えるのが一番いいです。

感謝を伝えるときには、普通ではありえないことをしてもらっているという気持ちを込めて言うことが大事です。それを受け取った人は自尊心が高まるからです。

考えてもみてください。

あたりまえのように食事が用意されている、実家住まいの人なら気づけば洗濯をしてもらえている、会社だって失敗してもちゃんとお給料を払ってもらえる、便利なサービスがあふれていて生活に困ることはそうそうない。

1億円会話術のポイント 11

話を聞く、褒める、感謝を伝える

相手の自尊心を高める会話の③つのコツ

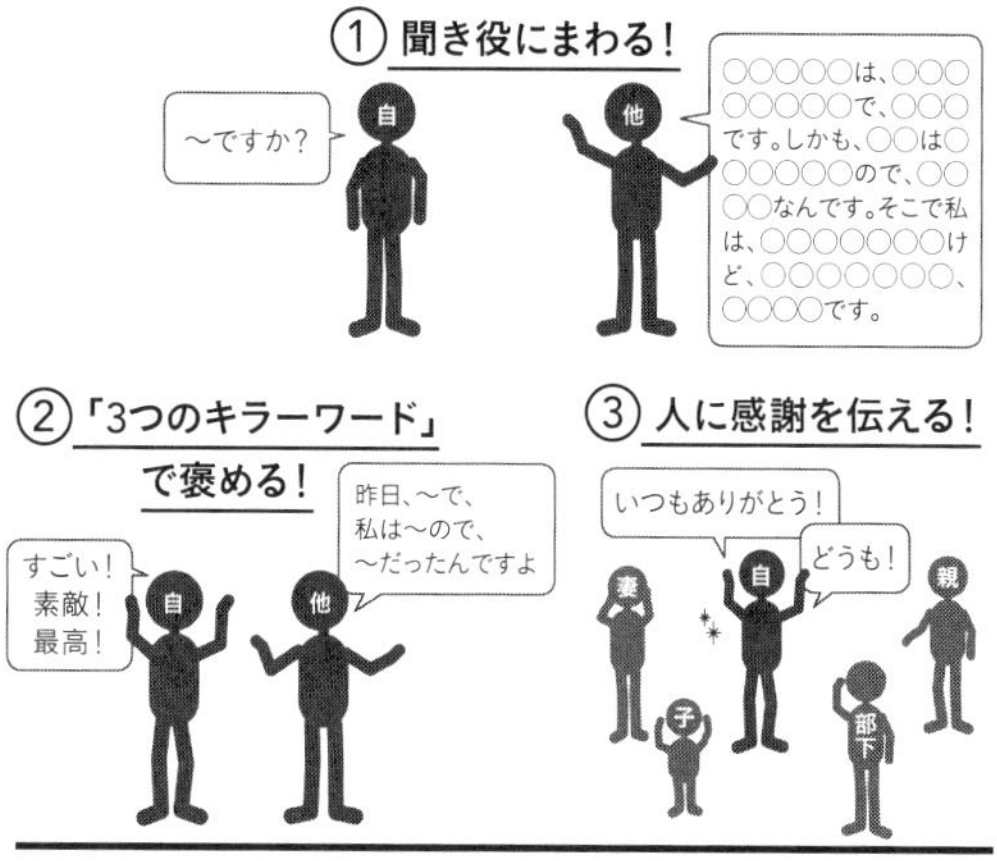
① 聞き役にまわる！
〜ですか？
自
他
○○○○○は、○○○○○○○○で、○○○です。しかも、○○は○○○○○○ので、○○○○なんです。そこで私は、○○○○○○○○けど、○○○○○○○、○○○○です。
② 「3つのキラーワード」で褒める！
すごい！素敵！最高！
昨日、〜で、私は〜ので、〜だったんですよ
③ 人に感謝を伝える！
いつもありがとう！
どうも！
妻
子
親
部下

これって、すごくありがたいことだとは思いませんか？

じつは身のまわりには「有り難う」があふれているのです。

日本人はともすると、「すみません」が口癖になってしまっていて、「ありがとう」をとっさに言える人が少ないように感じます。

どんなときも「ありがとう」で返す癖をつけていきましょう。

日本一の作家の、人を魅了するコミュニケーションの秘密

作家の永松茂久先生のミリオンセラー達成パーティのときのこと。

その日、私は1日の予定がパンパンに詰まっていて、なんとか行きたいと思っていましたが調整に手こずっていました。数日前まで出席が難しかったのですが、おめでたいことなので、何とか顔を出したいと、15分だけ出席することに。

さすがの永松先生、集まっている面々はまさに錚々《そうそう》たるメンバー。何度かお会いしている方々もいますから、挨拶をしてまわりました。

そのなかにいらっしゃったのが、本田健先生。2019年、英語で書き下ろしたビジネス書をアメリカで出版された、日本のビジネス書の第一人者の方です。

お恥ずかしい話、私はその日の前後の都合でカジュアルな服装で来ていましたから、本

田先生からこう質問されました。

「岡崎さん、どうしたのそんなカジュアルな格好で？」

「じつは前後に予定があって、どうしてもずらせなかったので15分だけ伺うことにしたんです。そのため、申し訳なかったのですが、カジュアルな格好になってしまいました」

私のなかでは、ドレスアップしていくことよりも、少しでもいいから顔を出して、めでたい席をお祝いすることのほうが大事だったのです（念のため……そこまでひどい格好ではなかったですよ）。

ひと通りご挨拶を終えて、次の予定があったため即退室。

ただ、せっかく久しぶりにお会いした方々でしたので、お礼メールを送っていました。

すると本田先生より返信をいただきました。

「**今日一番の感動ポイントは、岡崎さんが15分でもいいから駆けつけたことでした。本当に素晴らしいですね**」

これには私もびっくり。まさか返信をいただけるとは思っていませんし、さらにたったの数分のやりとりのことを今日一番の感動ポイントと言ってくださった。こちらとしてはさらに本田先生のファンになってしまいました。

人は、期待されると、その通りに動こうとする

人望を集める人というのは、相手を必ず名前で呼んでいます。名前を呼ぶと親近感が高まり、自分を覚えてもらっているという嬉しさもあります。まして、それが人望を集め、たくさんの人たちと関わっているような人であるならばなおさらです。

昨今、暗記力というのはあまり重要視されていませんが、この名前を覚えるということに関しては暗記力がものをいうのは間違いありません。

ちなみにあの田中角栄も、必須スキルとして暗記力を挙げていたといいます。

話が少し脱線しますが、田中角栄は人の名前を忘れてしまっているときに、

「君の名前はなんだ?」

「高橋といいます」

「バカもん！　そっちはわかっている、下の名前のほうだ」

とやりとりしていたそうです。

話を戻すと、ひとつは相手を名前で呼ぶということ、そしてちょっとでもいいから気にかけるということが大事です。

もし人がたくさんいるなら、会釈するだけでもいいです、たったひと言「お疲れ様」でもいいです。「いつもありがとう」とか「この前はごめんね」とか何でもいいですから、少しだけでも接点を持つようにしましょう。

本田先生も、どんなに人に囲まれていても丁寧に1人ずつ挨拶をされていました。

人間というのはその〝ちょっと〟が非常に大きいのです。

人望を集めて、忙しい人ほど時間がないことぐらい誰だってわかります。そのなかでちょっとでも自分に時間をかけてくれたということが嬉しいわけです。

さらに、もしあなたが自分の部下や仕事関係者と関わるなら、そこに期待を込めるといいでしょう。

人には、人に期待された通りに動こうとする心理があります。
これをピグマリオン効果といいます。

教師期待効果などとも呼ばれますが、たとえば学校教育などで「この生徒は成績の向上が見込まれる」と先生に事前に情報提供しておくと、確かにその生徒の成績が上がっていくという現象です。先生が「この生徒は成績向上が見込まれるんだ」と期待して関わり、生徒は「先生の期待に応えよう」とするから。

人間は期待に応えようとしますし、期待をしていると、その分応援したくなるのです。

逆に、どうせこいつはやらないだろう、と思っていたら応援したくないし、教えたくなくなります。思われるほうも「どうせ期待されてないだろ」と行動しなくなるでしょう。

人望を集める人はいつも人に期待して関わる人です。きっとあなたならできるはずだ、何かあれば応援しているよ、という姿勢が大切なのです。

1億円会話術のポイント
12
名前を呼び、期待をかけてあげる

超一流には、必ずユーモアがある

古今東西、歴史を振り返っても人望を集めている人はユーモアがあります。

ユーモアがあったから人望を集めたのか、人望を集めたからユーモアを身に付けたのかは定かではありませんが、ユーモアには人望を集める力があるのは確かです。

有名人のユーモアのある言葉は、歴史にたくさん残っています。

「誰がカモかわからなければ、そのゲームでは自分がカモ」（ウォーレン・バフェット）
「男はいかに丸くとも、角を持たねばならぬ。金はボロに包んでも金だが、石は錦に包んでも石」（渋沢栄一）
「なぜファーストクラスに乗らないかって、だってエコノミーでも到着する時間は同じだ

ろ」（ビル・ゲイツ）
「美しい女性を口説こうと思ったとき、ライバルの男がバラの花を10本贈ったら、君は15本贈るかい？　そう思った時点で君の負けだ」（スティーブ・ジョブズ）

面白いですよね。

彼らには全員、共通点があります。**自分の体験に基づいて話をしているということです。**

「魅力ないものは知識を語り、魅力あるものは経験を語る」という格言があります。頭でっかちで知識ばかり語っていてもまったく魅力的ではないのです。

あなたのまわりにもいませんか？　非常に物知りで、聞けば大体何でも答えが返ってくる。しかし人間的な魅力は感じない……そういう人が。

なぜ、知識をたくさん持っているのに魅力を感じないかと言うと、そこに体験がないからです。

そして、体験といえば、成功体験よりも、失敗した体験のほうがネタになりやすい。だから無難なことばかりしてる人の話は面白くないのです。

「成功の反対は失敗ではなく、何もしないこと」という言葉にあるように、何もしなければ失敗も成功もありません。失敗できるということは、それだけ自分にはできないことに挑戦したということの証なのです。

もちろん、同じ失敗を繰り返すのは話になりませんが、挑戦した結果の失敗であれば何も恥じる必要はありません。むしろ失敗したときにネタが増えたと喜べば、失敗そのものが価値ある体験になるのです。

つまり言い方を変えると、挑戦して、うまくいってもいかなくても、どちらも自分にとってプラスになるということ。

だから失敗が怖くて行動できないなんていうのは、とてももったいないことなんです。

自分なりの必殺のネタをつくろう

あなたも、人に話せるユーモアのある鉄板ネタを、いくつか持つようにしておきましょう。

ユーモアを持って話をするときに大事なのは、タイトル付けです。

ただ単に時系列で話をしても何も面白くありませんから、最初に気を引くタイトルをつけることが大事です。私の友人の経営者で、うまいタイトルをつけて、ユーモアあるネタで人を笑わせている面白い人がいるので、ご紹介します。

彼の話のタイトルは「新橋のシンデレラ」。

何があったかと言うと、東京の新橋で飲み過ぎてしまい記憶を飛ばしてしまった翌日。気がつけば路上に倒れていたそうです。

いい年をして道端で寝るなんてと笑っていましたが、問題はそこから。なんとカバンもない財布もない、携帯電話もない、さらにはなぜか靴が片方だけない。

警察に行くと自分の荷物とおぼしきものが。

しかし、問題は身分証がないから返してもらえないこと。

困った彼は悩みに悩み、そして気がついたそうです。

「一緒に置いてあった片方の靴、僕のもう片方の靴と同じなら本人ですよね。確認させてください！」

当然ですが、見事に一致。荷物をすべて返してもらえたそうです。

だから、ついたあだ名が新橋のシンデレラ。

全部なくして大変だった体験も、笑い話にしてしまうのだから彼の素晴らしい魅力だと思います。


もちろんＴＰＯもありますが、「これを話せば笑いが取れる」という必殺のネタを持っておくといいでしょう。

そしてネタづくりで大事なのは書くことです。

話すことのプロの人たちも必ず原稿を書きます。プロだから原稿を書いてるのではないのです、原稿を書いているからプロになれるのです。プロですら原稿を書いているのに、素人の私たちが原稿を書かずに行き当たりばったりで話をして、面白い話ができるはずがありません。


原稿を書くときのコツは、必ず話し言葉で一言一句書くこと。

体言止めなどで「ですます」をつけずに箇条書きで原稿を書く人もいますが、それではいざ話をするときには使えません。

可能なら適度に「間」の部分も記載するといいでしょう。「ここ、3秒空ける……」などです。

そうやって一言一句、原稿をつくって、声に出して話す練習をするのです。

頭のなかで考えているだけでは話し方はうまくなりません。

1人で何回も声に出して練習する。場合によっては相手を見つけてロールプレイングさせてもらう。そして原稿をさらに改善していく。

ユーモアがある話し方をするのに大事なのは、原稿と練習です。

人望を集める話し方を身につけるために、地道ですが積み重ねましょう。

1億円
会話術の
ポイント
13

原稿を話し言葉で書いて、何度も練習して、ネタをつくる

ユーモアがある話し方をするには、
”原稿“と“練習”!!

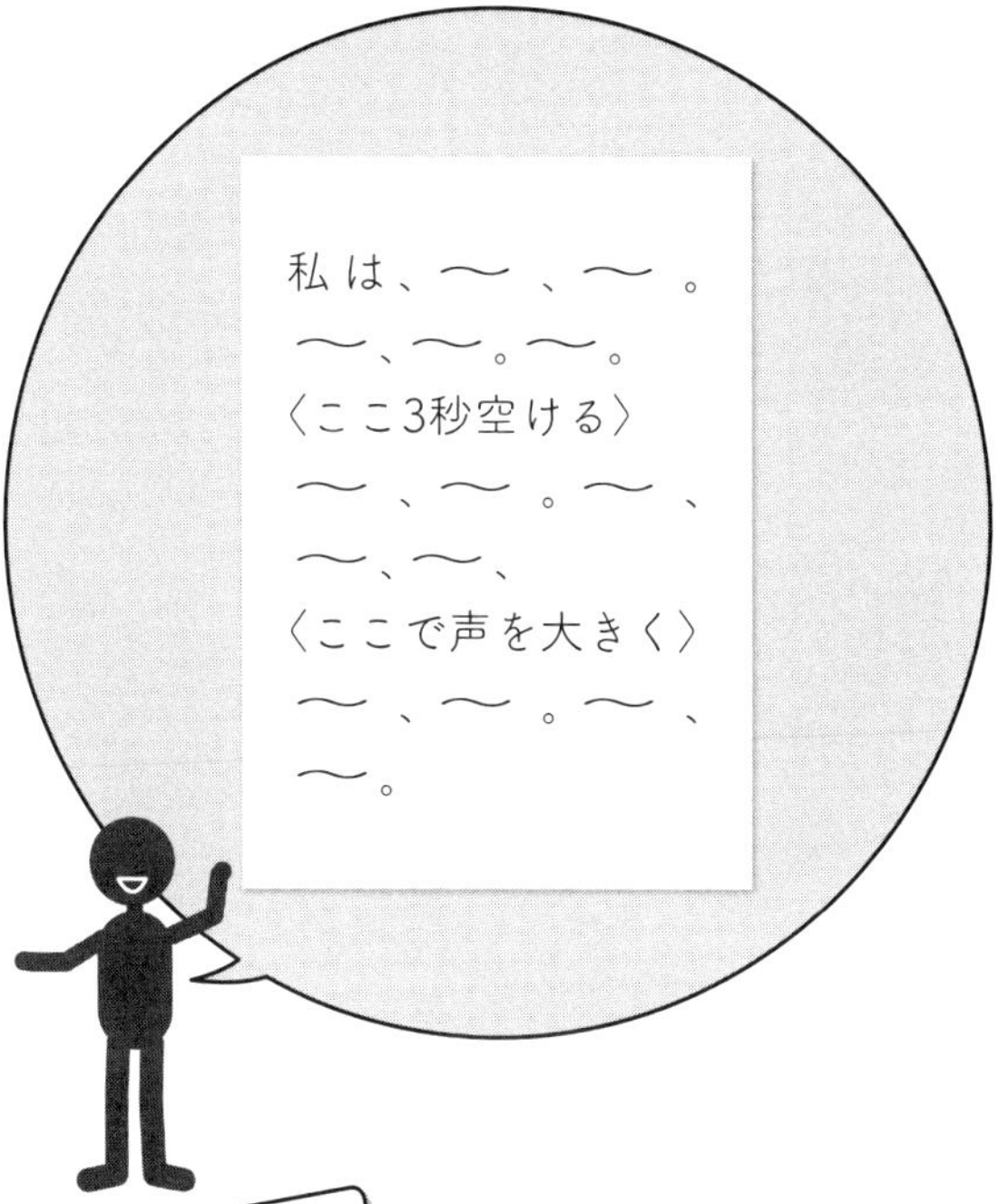

話し言葉で

「原稿を書く➡声に出す➡改善」

を繰り返す!

第3章

「1億円会話術」でチャンスを掴む

チャンスは、人の縁が運んできてくれる

チャンスは突然やってきます。

「チャンスの神様の前髪を掴め」とも言いますが、**チャンスの神様は普通の顔をして現れて、過ぎ去ってからチャンスだと気づかされます。**

だから、突然来るチャンスにまずは飛びついてみることが大事になってきます。

メンターとの出会いから、2週間で起業へ

2007年3月、それは私にとって忘れもしない1か月。

当時、私は勤めていた会社で3つのプロジェクトを同時にやっていたのですが、偶然に

偶然が重なり、2007年2月をもってすべてのプロジェクトが終了していました。

それまで毎月100時間残業があたりまえで働いてきましたが、3月は残業がほぼゼロになりました。はっきり言って……暇。

しかし、この「退屈」というのもまた重要なこととなりました。

なぜなら、目まぐるしく動きまわっているときには、冷静に将来のことや、本当に自分の人生で大事なことは何かを考えることができないからです。

「半年前に父が他界し、母親を養っていかなければならない」

「次の4月には出世が決まっているが、本当にこの働き方を続けていていいのだろうか？」

「結婚もするかもしれないし、もっと趣味を持ってもいいかもしれない」

「仕事だって、もっとほかにできることがあるかもしれない」

「何をしたいかと言われれば、とくにあるわけではないが、でも何かほかにできることを探すのもありかも……」

そんなふうに漠然と、何か変えなければならないと感じていました。

そこで私がしたことは転職活動。

当時はいまほどインターネットが進んでおらず、転職活動はまだ人に出会って紹介してもらうというのが普通でした。

だから友人に連絡を取って、「お前の仕事どうなの？」と聞いてまわることにしたのです。

そんななか、大学の友人に連絡を取ると、こんな衝撃的な言葉を言われます。

「うちの会社も面白いけど、会社よりももっと面白い人がいるよ。俺たちと年が変わらないのにもう起業して活躍してる」

私にとって衝撃の話でした。起業なんて雲の上の話でしたし、40歳や50歳など年齢を重ねてからやっとできることだと思っていました。それが20代半ばで起業できている。興味を持たないはずがありません。

そこで友人にお願いをして紹介してもらったわけですが、なんとその人との出会いから2週間後には、私は起業の準備を始めていました。終身雇用を信じていましたし、一生会社員がいいと思っていましたから、自分でも信じられないような変化です。

「もし、暇な1か月がなかったら」「もし、父の他界がなかったら」「もし、4月からの出世が決まっていなかったら」「もし、転職活動していなかったら」……おそらく、いまとはまったく違う人生になっていたでしょう。

きっと、いまでも当時の仕事を続けていたと思います。

チャンスはいつも突然現れます。そしてチャンスは人が運んでくるのです。

人との出会いは、人生に化学変化を起こします。

人との出会いから、いままで考えてもいなかったようなことに出会い、そのことに魅力を感じ、自分の考えすらも変わっていってしまう……そんなことが多々あるのです。

あなたが人脈を広げていくと、面白い出会いがあることでしょう。

またもしあなたに人望があったり、人から期待されるものがあったとしたら、何らかのチャンスに出会うはず。

では、そのチャンスを掴むためにどういった会話術を磨く必要があるでしょうか。

この章では、あなたがチャンスを掴むための会話術をご紹介していきます。

1億円会話術のポイント 14

人との出会いを楽しもう

「やります」と言ってから、つじつまを合わせる

「岡崎くん、飲食店やってみない？」

当時、お世話になっていた方から急な連絡がありました。

私は、その方をメンターとしていました。

さて、あなたに質問です。

あなたが尊敬している人や信頼を寄せている人から、突然「○○やってみない？」と電話をもらったら、なんと答えますか？

ほとんどの人は、こう答えるのではないでしょうか。

「急にどうしたんですか？」

「どんな条件ですか？」

「場所や物件は決まってますか？」

いたって普通の回答だと思いますが、これらの回答では残念ながら、チャンスを逃す可能性が非常に高いです。なぜでしょう。

たとえば、「どんな条件ですか？」と答える人は、条件によってはやるけれど、条件によってはやらないと答えているのと一緒です。

一見「それってあたりまえのことじゃないですか」と思うかもしれませんが、じつはそうではないのです。**もしあなたが信頼を寄せる人から仕事のチャンスが来たのなら、即答で「やります」と答えるのが正解です。**

なぜなら、信頼している人があなたに仕事を持ってくるということは、「あなたならできる」と、信じてくれているから。

そこに質問で返してしまうと、私はあなたのことを信頼していません、と答えていることになってしまいます。

ビジネスチャンスを掴むときに大事なのは信頼関係です。

「この人からの依頼であれば絶対にやろう」という関係性を先につくれていることほど、

強いものはないでしょう。

条件を聞くのはあとです。チャンスを掴む会話術には、チャンスが来る前からの心構えが大事なのです。

あとになって条件を聞いてみたら、残念ながら受け入れられないということもあると思います。それならそれで、しっかりと事情を説明したらいいだけです。理由があるならば、そこで断ったとしても大きな問題にはならないはず。

そして次にあなたがしなければならないのは、少しでも早いアクションです。

仕事を依頼する人も、1人だけに相談してくるとは限りません。何人か候補者がいて、そのなかでベストな人を選んでいくということは多々あること。

「スピード＝情熱」と覚えておいてください。いまの時代は完璧さよりも、スピードが求められる時代です。少しでも早く相手の期待に沿う努力をすることが大事です。

たとえば資料の作成依頼があったとします。

あなたがどんなお店をやりたいのか、どんな展望を持っているのかを資料にまとめてほしいと言われたとします。

多くの人はこういう依頼があると、完璧な資料を出そうとします。はっきり言って無意味です。まず叩き台で構いませんから完成度1割2割程度、方向性がわかる資料をつくって、「こんなイメージでどうですか?」と提出しましょう。

予想外のスピードで資料が出てきたら、当然ですが相手はこう思います。

「この人やる気あるな」

どの経営者に聞いても同じことを答えます。能力が高い人よりも、やる気がある人、情熱がある人に仕事を任せたほうがうまくいく、と。

名経営者の稲盛和夫さんはこう言っています。

「結果＝熱意（やる気）×能力×考え方」

なまじ能力があってもやる気がないと、表面上でごまかした中途半端な仕事を持ってきて、結局うまくいかないものなのです。

初手でどれだけやる気を見せられるかが、あなたがチャンスを掴めるかどうかのネックになります。

また自分に来たチャンスを、できるかできないかで判断しようとする人もいますが、やめましょう。できるかできないかなんて、あとで考えたらいいのです。

少なくとも相手があなたにその話を持ってきたということは、あなたならできると信じてもらっているということ。自分が信じられなくても、相手を信じるようにしましょう。

そもそも人間の能力なんて大差ありません。どこかにできている人がいるなら、それはあなたにだってできていいのです。最新の脳科学でわかっていることは、東大生の脳もアスリートの脳も高卒で働き出す人の脳も、能力はほとんど一緒だということ。

だから肝心なことは、「なぜできないか」ではなく、「どうやったらできるのか」を真剣に考えることです。

やる・やらないの基準、その2つの考え方

とは言っても、何でもかんでもやればいいとまでは言いません。「やる、やらない」の基準を明確に設けておきます。そのためには次の2つの基準が役に立ちます。

①　自分にとって取れるリスクかどうか？

もしうまくいかなかったときに、人生が傾いてしまうような大きなリスクであるならば引き受けるべきではないでしょう。逆にもし失敗してもネタとして笑える、もしくはリカバリーができる範囲のことであれば積極的にやるべきです。

②　良縁からのチャンスか？

良縁からのチャンスであるなら善意であるはず。なかには悪意をもって変な話を持ってくる人もいますから、話の内容よりも人を見て選ぶべきです。

その縁は良縁なのか、悪縁なのか、を判断基準にするといいでしょう。

人生でもっとも価値があるものは経験です。せっかく来たチャンスを無駄にせず、良縁からのチャンスがあればまずやってみようという姿勢でいることが大事でしょう。

1億円会話術のポイント 15
取れるリスクのチャンスが良縁から来たならば、一瞬で行動する

「上の人に意見ができる人」の価値がどんどん上がっていく時代

あなたは上の人に意見できる人ですか？
それとも上の人に意見できず、やり過ごしてしまう人ですか？
どちらがいいか悪いか、という話よりも、なぜそうしているのかが大事です。
「人生は選択である」と言いますが、人は何かを選択して生きています。
・会社に行くor行かない
・食べるor食べない
・運動するorしない
・楽しむor楽しまない
・嫌うor嫌わない

など、さまざまなシーンで選択をしているのです。

だから、自分にとって何が大事なことなのか、何が自分にとって選択の基準になっているのかを決めておくことは、自分の行動を管理下に置くために大事なことなのです。

チャンスを逃してしまう人は選択の基準がなく、その場その場の感情で行動を選択してしまいます。

上の人に意見するか、しないかも選択ですが、大事なことはその選択の基準は何かということ。気分や感情なのか、自分の理想に近づくためなのか。

自分の理想に近づくためには、言わないといけない場合も多々あるはずです。恥をかきたくない、矢面に立ちたくない、リスクや責任を背負いたくない、そんな思いで言うべきことを言わないようでは、残念ながらチャンスを掴むことはできないでしょう。

とはいえ私も昔は、上の人に物申せない人でした。なぜ物申せなかったのか。

その最大の理由は「保身」でした。

恥ずかしい話、もしも会社を辞めさせられてしまったら食っていけないというマイナスの自覚があったのです。だから上の人に意見してしまって万が一にでもクビを切られるようなことがあったら困ってしまう。だから言うべきことがあっても言わずにおこう。

それが私の常套手段でした。

つまり、もし会社を辞めさせられたら困る、外に行って通用する自信がない、という状態だと、上に物申すどころか、何か嫌なことがあっても我慢して働き続けなければならない状態になるということです。

ですから、あなたがもし上に意見できる人になりたいと思うなら、いつ辞めたって構わないという覚悟を持つことが大事です。辞めさせられたところで困らないという自信と覚悟があれば、言うべきことが言えるようになるのです。


それではなぜ、上に意見できるようになったほうがいいのでしょうか？

その答えは、チャンスを自分でつくれるからということです。


チャンスを待っていても、いつ現れるという保証はありません。結局は待ち続けるだけで何も起こらずに年だけを取るなんてこともあるのです。自分でチャンスをつくれる人になるのが一番です。そのために大事なのは、上の人に意見できる人になること。

意見があるということは、言い方を変えたら、会社の問題について気づけているということです。前述の山口周さんの話のように、これからは問題解決能力よりも、問題発見能力のほうが価値があると言われている時代です。

あなたが物申したくなるような問題に気づけている、ということは、そのこと自体に価値があるということなのです。気づける人の価値が高い時代であり、さらにそれを意見できる人の価値は非常に高いと言えるでしょう。

また、あなたが問題に気づける人であるということは、すなわち、ほかの会社に行っても価値が高い人間である可能性が大きいです。ほかで働くことが簡単だと思えば、さらに意見をしやすくなり、あなたの価値はどんどん上がっていくはずです。

とはいっても、何でもかんでも意見を言えばいいというものではありません。むしろ言い方によってはただ敵をつくるだけになってしまいます。

問題点を指摘するときに大事なことは、日ごろの感謝を先に伝えることです。感謝を先に述べられると、相手も悪い気がせず、受け入れやすくなるという心理があります。

せっかく素晴らしい意見も、いきなり問題点をぶつけてしまっては、受け取ってもらえない可能性が高いのです。

場面によっては、小さな声で話そう

そしてもうひとつ。

感情的になりやすい話のときには、小さな声で話すようにしましょう。

大きな声で話すと、感情的になり、理解されにくいという傾向もあります。

あなたにとって大事なことですから、大きな声で伝えたくなる気持ちはわかります。しかし、そういうときこそ冷静になって、小さめの声で話すように心がけましょう。

そうすればあなた自身も冷静になりやすく、相手にも冷静に聞いてもらいやすくなります。

問題点に気づけるのは貴重な能力です。それを殺さないように大事に扱ってください。

1億円会話術のポイント
16
反対意見は、先に日ごろの感謝を述べてから、小さい声で伝えよう

問題点を指摘するときに大事な②つのこと

① 感謝を先に伝える

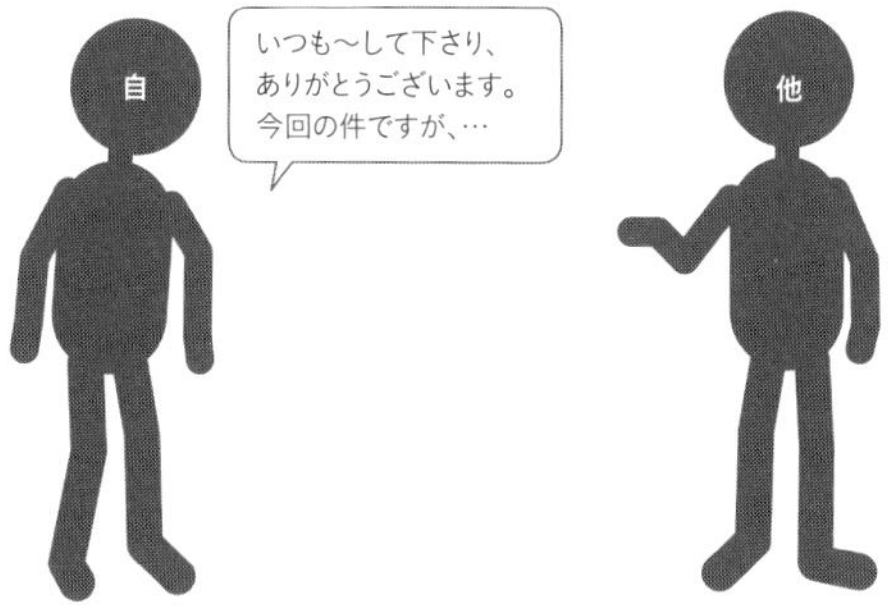

② 冷静に小さな声で話す

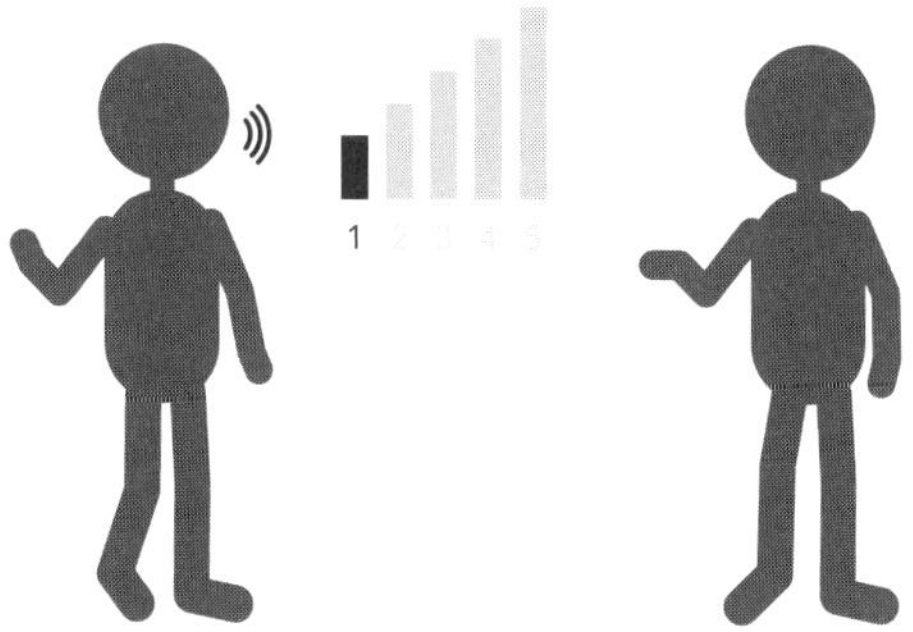

人を巻き込んでいく話し方

あなたがチャンスを掴んで、それをかたちにしたいとき、「人の力を借りていく」ということは非常に重要なことです。

こんな格言があります。

「早く行くなら1人で行け、遠くまで行くならみんなで行け」

1人の力では遠くまで行くのは難しい、だからキャラバンを組んで、チームを組んで行動すること。当然ですが1人のほうが行動は早いです。しかし、協力しなければできないことが多々あるということ。

では、人に協力してもらうときに大事なことはなんでしょう。

こんな寓話があります。

旅人が道を歩いていると、途中で大きな岩を一生懸命押している人を見かけました。
あまりの一生懸命さに、あなたは気になり声をかけます。
「なぜ、そんなに一生懸命こんな大岩を押してるんですか？
あなた1人が押したって、この岩はどうやっても動きませんよ」
「この下に川が流れているでしょう、あの川の流れを変えたいんです。
なぜならこの川の流れを変えればその下にある村が、洪水にならなくなります。
村の人たちは、どうせこんな大岩動かないからと誰も手伝ってくれません。
しかし、あの村は私にとって、とても大事な場所です。みんなの役に立ちたい。
だから、たとえ誰も手伝ってくれなくても、
毎日1人でこの大岩を押して、少しずつでも動かそうとしているんです」

旅人は、立ち止まって少し考えると、荷物をその場に下ろしました。

「あなたの一生懸命さに心打たれました。一緒に手伝いますよ」

2人で一生懸命押していると、またほかの人が通りかかります。

「2人でそんなに一生懸命岩を押して、何をしてるんだい？」

……

こうして1人、また1人と一緒に押す人が増えていき、

気がつけば、なんとこの大岩を落とすことができたのです。

誰かに協力してもらおう。それは誰でも新しいことをするときに考えることです。

しかし矛盾するようですが、誰かに協力してもらうことを考えている人は誰からの協力も得られません。誰もやらなくても自分1人でやるとコミットすることが先なのです。

誰かがやってくれるからやるのではなく、誰もやらなくても価値があるから1人でもやる。1人でもやる価値があるものだから、みんなも協力してくれる。

この「1人でもやるんだ」というコミットが、仲間をつくるときの鍵となるのです。

あなたがチャンスをものにしようとするとき、大事なのはみんながやるからやるではなく、あなたにとって価値があることだからやってみることです。

そしてチャンスをものにしたいときに、次の3つの観点から話をするといいでしょう。

① 私は（I）
② あなたなら（YOU）
③ 私たちにとって（WE）

それぞれ説明していきます。

あなたの味方が増える3つの技術

① 私は（I）

その昔、アメリカは酷い黒人差別社会だった時代があります。その黒人差別の撤廃にもっとも貢献した人物がいます。Martin Luther King Jr.、通称「キング牧師」です。

1963年8月28日、キング牧師はワシントンDCで演説をします。8月の暑い日です。黒人差別真っ只中のワシントンDC。いったいどれだけの人が集まったと思いますか？

なんとその数、20〜30万人！

さらに、そのなかには黒人だけではなく多くの白人たちもいたというのです。

そこでキング牧師は、ワシントン大行進の群集に「私には夢がある」という歴史的な演説をおこなったのです。

このスピーチは、史上もっとも聴衆の心を動かしたスピーチのひとつと言えるでしょう。

いったいキング牧師はどんな話をしたのか？

黒人差別がいかにダメなのかを話したわけでもありません。黒人差別を止める方法について話したわけでもありません。彼がしたのは、「自分の夢を語る」ということ。

黒人差別がなくなり、黒人も白人も関係なく同じテーブルにつき、友愛の国になっていくことが私の夢だと語ったのです。

もしあなたが人を動かしたいなら、ほかの人（YOU）にとって価値があることを伝えるのではなく、まず自分（I）にとってどれだけ価値があることなのか、なぜそれをしたいのかを一生懸命に語ることです。

そうすることで、あなたの情熱が人に伝わります。

「感動」という言葉があるように、人は感じてから動きます。「理動」ではないのです。だとしたら、話しているあなた自身が最高に感動していなければなりません。本人の感動に、まわりも感動していくのです。

②　あなたなら（YOU）

あなたの話を聞いて、相手が共感し、感動したら、次にすることは「あなたならどうですか？」と聞くことです。

たとえばいま、あなたが開いているこの見開きページのなかに「あなた」という単語はいくつありますか？　こう聞かれると、「いくつだっけ？」と数えたくなりますよね。

でも、こう言われたら、おそらく嫌な感じがすると思います。

「いまからこのページにある『あなた』という単語の数を数えなさい」

なんでいきなり命令されなきゃいけないんだ！　と感じる人もいるでしょう。

質問の力というのは大きいです。「あなた」の数を数えてくださいと言われるよりも、「あなた」の数はいくつありますか？　と言われたほうが自発的に動きたくなるのです。

ですから、「あなたにとって、このことはどうだと思いますか？」と聞かれたとたんに、それまで他人ごとだった話が自分ごとになっていくのです。

まわりから協力を得ていくときには、あなたにとってどうかというのを尋ねるようにしてみてください。

③ 私たちにとって（WE）

21世紀に入り、自分のことだけを考えていればいいという時代は終わりました。先ほどの寓話の例でもそうですが、大岩を押す理由が「みんなのため」につながっています。

環境問題を考えたり、人種差別、性的な差別をなくしたり、また社会的弱者と言われる人たちにも平等にチャンスを与えたりすることなど、社会的意義があることを優先する時代に入っているのです。

あなたがやろうとしていることには、どんな社会的な意義や価値があるのか。

個人の利益があるかないかということよりも、社会的意義のほうが大事になっていることを念頭に置くようにしましょう。

あなた自身にとっての価値、協力してもらいたい人にとっての価値、世の中にとっての価値、その三方向から話をして、協力を取りつけていくといいでしょう。

1億円会話術のポイント 17

「私」→「あなた」→「私たち」の順番で話そう

結果が変わる最強のクロージング法

チャンスを掴み、かたちにしていくときに欠かせない能力があります。

それがクロージング力。つまり約束を取りつける力です。

クロージング力が高い人は、契約において成約する確率が高まり、人間関係においても次につながっていく可能性が非常に高いです。

先天的に魅力があり、押しの強さだけでクロージングが取れてしまう人もいますが、世の中にはあまりそういう人は多くありません。むしろどちらかといえば押しが弱く、人の顔色をうかがってしまう人のほうが多いのではないでしょうか。

逆に先天的にクロージング力が高い人は、相手に「押し売りされた」と感じさせてしまうこともあります。その場ではイエスが取れていても、あとになって「やはりなかったことに」なんてこともよくあることです。

そんな悲しいことにならないためにも、クロージングをしていくときに大事な手順をまとめておきましょう。

クロージングの精度を上げる5つの手順

クロージングの手順は、大きく分けて5つあります。

手順1：相手の一番の理解者になる

ビジネスであっても、プライベートであっても、いい人間関係がすべての基盤になります。いい人間関係を築くために大事な基本になることは、求めている人に求めているものを提供するということです。

悪い例ですが、売れないセールスの人に限って、誰彼構わず出会った人に売りつけようとします。当然、売られるほうはいい気持ちになりません。喜ばれるセールスほど、売りにかからないものなのです。**トップセールスと言われる人たちは、相手のことをよく知り、本当に必要としている人にだけ提供するということを徹底しています。**

ですから、相手をよく知ることが最優先テーマなのです。

相手が本当に必要としているか、それは相手のことを心から知ろうとしない限り決してわかるものでありません。顧客になる・ならないに関係なく、まずは目の前の人の一番のよき理解者になるように心がけましょう。

手順2：「I→YOU→WE」または「I→WE→YOU」で話す

次に大事なのはこの順番です。基本的には、「I→YOU→WE」の順番で話すのが相手に伝わりやすいです。ただ社会的意義が高いものに関しては「I→WE→YOU」で話すのも効果的でしょう。

どちらにしても、最初に話すのは「私にとって」です。そして次の段階に入るのは、「私にとって」の話に相手が共感してくれているときのみです。

Iの話に共感してもらえてから、YOUの話をする。
YOUの話に肯定的ならWEの話をする。

あなた自身の話に共感してくれていないのに次の段階で相手にとっての話を始めてしまうと、それが押し売りになってしまいます。順番が大事であることを理解しておきましょう。

手順3：小さなイエスを取っていく

出会っていきなり「結婚してください」と言って、イエスがもらえる人は世の中に一体どれだけいるでしょうか？　おそらく皇太子か国民的アイドルくらいではないでしょうか。普通の人がやった場合、ただの困った人になってしまうので気をつけましょう。

しかし、ここまでとは言いませんが、似たようなことをやっている人は多いです。

たとえばあなたが名刺交換した相手とアポを取るときに、こんなことをしていないでしょうか？

「先日はありがとうございました。○○さんとお会いできてとてもうれしいです。私はシステム開発の営業をしているんですが、一度、御社のシステムについてお話を伺い、弊社のシステムのご提案などさせていただけないでしょうか？　ご検討のほどよろしくお願いします」

いきなりサービスを売り込むことが前提になっています。

残念ながら、これではよっぽどそのサービスに興味がある人でなければ会ってもらうことができないでしょう。売り込むことを考えるよりも、まずは自分が相手に役立ちたいという思いで連絡していくことです。

「先日はありがとうございました。○○さんにお会いできてとてもうれしいです。

私はシステムコンサルの仕事をさせていただいていますが、何かお力になれることがあればおっしゃってください。もしご迷惑でなければ来週か再来週あたりにでも、一度御社のシステムの状況などお聞かせいただけないでしょうか？　ご確認のほどよろしくお願いいたします」

営業の提案を聞くわけではなくなったので、かなり返答しやすいはずです。また来週か再来週というように期間を広くとっているので、回答がしやすいでしょう。

商談などに限らず、小さなイエスを繰り返していくと、大きなイエスを取れるという法則があります。いきなり契約という大きなイエスから狙うのではなく、答えやすい小さなイエスから狙っていきましょう。

手順4：「イエス or イエス」のクエスチョンをする

小さなイエスを積み重ねることの延長線上ですが、契約や大事な約束の最終段階に至る前までは、極力「イエス or イエス」のクエスチョンを心がけましょう。

たとえば「今日の3時に待ち合わせでしたね?」と送ると、「3時は都合が悪くなったので、またの機会にお願いします」となってしまうことがあります。これは、実際に都合が悪くなったのではなく、いざ会う算段になるとめんどくさくて、行かない理由探しをしているだけの場合も多いのです。直前のアポ取りなどでキャンセルが多いという方は質問の仕方を変えましょう。たとえばこのように変えます。

「**本日はありがとうございます。3時に待ち合わせでしたね。東口と西口なら、どちらのほうが都合がよろしいですか? ご確認よろしくお願いします**」

これならば、東口or西口なので、結果的には両方とも会うということには変わりがなく、イエスとイエスの質問になるのです。

Aの提案とBの提案ならどちらがいいですか? といった具合にも使えます。どう答えてもイエスになるように質問を工夫するようにしましょう。

手順5:情熱を伝え、背中を押す

あなたは何か買い物をするときに、ほとんど買うことを決めているが、最後にあとひと押しが欲しいときはありませんか？

恋愛でもビジネスでも何でも一緒なのですが、最後のひと押しがあるかないかで決定できるかできないかが決まるときが多々あります。あなたが好きだから、どうしてもあなたと一緒にいたいから、と一生懸命伝えられてつきあってしまったという話を聞いたこともあるでしょう。人は最後のひと押しに弱いのです。

はしにも棒にもかかっていなければ話になりませんが、あとちょっとで決められるというときには、背中のひと押しがあるかどうかで決定率が変わります。

チャンスをかたちにするためにも、最後は熱意を持って相手の背中を押していきましょう。

1億円会話術のポイント
18
クロージングの5つの手順を守り、使いこなす

結果が変わる!

最強のクロージング法⑤ステップ

1st STEP

相手の一番の理解者になる

自
共感
他

2nd STEP

「I→YOU→WE」の順に話す

自
フムフム
他
私にとって…
あなたにとって…
私たちにとって…

3rd STEP

答えやすい質問で

小さなイエスを取る

自
承知致しました
他
一度、システムの
状況などをお聞
かせいただけない
でしょうか?

4th STEP

「イエスorイエス」の質問にする

3時に待ち合わせ
でしたね。東口と
西口なら、どちら
のほうが都合がよ
ろしいですか?
自
他
西口で!

5th STEP

情熱を伝え、背中を押す

自
他
Push!!
成功

1億円稼ぐ人たちが使わない言葉

あなたは何か考えごとをするときに、何語で考えていますか?

おそらくこの本を読んでいる方は、日本語で考える方が多いと思います。

思考が言葉をつくると考えている人もいますが、私は逆だと思っています。

言葉が思考をつくっているのです。

なぜなら、言葉がないものは理解できないからです。

たとえば関東にいる人は「雪」を見ても「雪」としか認識しません。せいぜい「ぼた雪」「粉雪」程度でしょう。しかし北海道などの雪国の人は、同じ雪になんと100種類以上の言い方があるそうです。「回雪」「乾雪」「はだれ雪」「風花」「ねはん雪」……はい、関東生まれ、関東育ちの私にはさっぱりわかりません。

先日、私の友人に意味のわからないことが起きたときに「狐の嫁入りみたいだね」と言うと、「なんでいま狐の話になるの?」と言われました。人は知らない言葉には理解が追いつかないのです。

言葉は思考をつくります。思考は行動のもとになります。

思考から変えるのは難しいですが、言葉を変えることは意識すれば可能です。ですからあなたの行動を変えるための第一歩は、言葉を変えることなのです。

いきなりすべての言葉を変えるのは難しいでしょう。

ですからまずチャンスを掴むために「使うべきではないワード」をご紹介します。これらの言葉を使うことをやめることから意識してみてください。

この言葉を使うとチャンスを逃す!

使うべきではないワードは5つです。

それぞれ説明していきます。

①　参考になりました

参考になるという言葉は前向きに使っている方が多いですが、じつは後ろ向きな言葉で、場合によっては失礼にあたります。

なぜならば「あなたの話は参考程度です」と言ってるのと一緒だからです。

もしあなたが何かアドバイスを求めたり、目上の人や仕事において尊敬している人から話をもらった場合、「勉強になりました」「すぐやります」などと答えるようにしましょう。

②　でも、だって、だけど、どうせ

口癖のようにこの4つの単語を使う方がいます。いちいち始まりが「でも」「だって」「だけど」「どうせ」では会話も広がりませんし、面白くありません。このような言葉を口癖にすることから卒業しましょう。

③ いつか

これは第1章でも説明しましたね。人と話をしたときに、「またいつか会いましょう」「都合が合えば会いましょう」などと言う人がいます。これではチャンスは掴めません。

また会いたいなら「いつか」ではなく、具体的に期日を切るようにしましょう。考えてみてください。「いつか会いましょう」と言って、会ったことはどれほどあるでしょう？

あいまいな言葉からは、あいまいな結果しか生み出さないのです。

明確な期限を切ることは、ほかのことにもあてはまります。

たとえばあなたがダイエットにチャレンジするなら、いつまでに何キロ痩せると明確に期限と目標設定をするべきです。

仕事においても当然一緒で、いつまでに何を達成していくのかを明確にすることで、いま何をやるべきかが明確になります。あなたが明確であるなら、まわりの人も明確になっていきます。明確な期限を切る癖をつけていきましょう。

④ できない

人間には無限の可能性があります。そしてあなたは人間です。つまりあなたには無限の可能性があるわけです。ですから、いまできないことも、やれば必ずできるようになります。できないからやらないのではなく、やらないからできないんです。

「できない」と答えると「できない理由」を探すようになってしまいます。できない理由を一生懸命探して、できるようになることはまずないでしょう。

だから、「できません」と答えるのではなく、「やり方がわかりません」と答えましょう。「どうやったらできますか？」と尋ねれば、やり方を教えてくれる人はいるはずです。

⑤ がんばります

あなたが飛行機の旅をするとします。そして機長に言います。

「この飛行機は沖縄に行きますか?」

すると機長はこのように答えました。

「がんばります!」

いや、がんばらなくていいから沖縄に行ってくれ! と思いませんか?

「がんばります」と答えているときには、「もしかしたらできないかもしれませんけどね」という意味を含んでいます。

そしてそれは、自分に対してもできなくてもしょうがないよねと言っているのと変わりがありません。「がんばります」はやめて、「やります」「達成します」という言葉を使うようにしましょう。

1億円
会話術の
ポイント
19

マイナス言葉は絶対に使わない

第4章

「1億円会話術」ですべての問題を解決する

トラブルを起こす人を回避する方法

私たちは、生きているなかでさまざまなトラブルに直面します。
そもそもですが、トラブルが起きる原因は何でしょうか？
大きく2つ挙げられます。

（1）トラブルを起こすような関わりをしている

（2）トラブルを起こしやすい人とつきあっている

この2つです。

成果をつくり出す人は原則、自分に矢印を向けます。自分の何が悪かったのかと考えて改善に努めるわけですが、つきあう人が悪かったということもあります。

ですから、トラブルを起こしやすい人とはつきあわないという姿勢も大事。

「会話しない」「そもそも関わらない」という会話術だってあっていいのです。誰とでも仲よくしていれば年収1億円に達するわけではないから。

では、どういった人がトラブルを起こしやすい人なのかをお伝えしていきます。

こんな人からは逃げなさい！

① すぐお金の話をする人

あなたがビジネスで成功するためにもっとも気をつけなければならないのは、この手のタイプの人です。なぜならばすぐお金の話から入る人は、お金がもっとも重要であり、他人とのつきあいもお金を優先する人だからです。

このタイプの人は、お金の面でもっと条件がいい取引先が見つかったらすぐにそちらに行ってしまいます。

「金の切れ目は縁の切れ目」とはよく言ったもので、お金ばかり気にする人とつきあうと、金回りが悪くなったらつきあいがなくなってしまいます。

人生はいいときばかりではないので、お金に関係なくつきあえる相手のほうが、長く共に繁栄し合える関係性を築くことができます。

お金よりも人の縁を大事にする人とつきあうようにしましょう。

② 気分や感情の波が激しい人

私のメンターは、すぐに「弟子にしてください、一生ついていきます！」と言う人を信用しないと言っていました。なぜならばそれは気分の高まりで言っているだけで、冷静な判断を伴っていない可能性が高いからです。

人は感じて動くもの。ただ、動物との違いは感情だけではなく、理屈で物事を整理できるようになっていることです。

感情の勢いだけで物事を選択する人は、感情の浮き沈みで約束を簡単に反故にしてきま

す。ですから感情の波が激しい人とつきあう場合、トラブルが起こるだろうということは事前に想定しておくべきです。

ただし、感情の波が激しい人は、同時に行動に勢いがあることが多いです。その人の特性をよく理解したうえでつきあえば、仕事が一気にはかどることも多々あることでしょう。

あなたが冷静になってブレーキを踏み、感情の波が激しい人のコントロールができるなら、うまくつきあうことをおすすめします。

③ 自分なりの正義が強い人

「正義」という言葉を分析したときに、大きく3つのカテゴリーに分かれます。

(1) 自由の正義
(2) 平等の正義
(3) 倫理の正義

「自由の正義」とは、いかに自分の好きなように振る舞えるか、ほかの人の自由を奪わない限り自由に動いてもいいという正義です。

「平等の正義」とは、最大公約数的に全体がより幸福であることを選択しよう、という正義です。

「倫理の正義」とは、人としてあるべき姿はこうであるという直感に基づいて物事を選択しよう、という正義です。

どの正義も間違ったものではありません。そして優劣もありません。ダメなのは、自分の正義感だけが正しく、ほかの人の正義感は間違っていると決めつけることです。

たとえば「離婚はダメだ」と声高に訴えかける人がいます。

この手の人は「倫理の正義」が強い人だと言えます。実際には離婚をしないことによって不幸である人もいます。離婚はダメだと言う人にとっては離婚は許せない行為なのでしょうが、全員にとって離婚が許せない行為とは限りません。

こういった意見が分かれるものに対して一方的に自分の考えを押しつける人は、トラブルを起こしやすいということを覚えておいてください。

仕事においても自分の正義を振りかざし、ほかの人の意見を聞かない人は問題を起こしやすいです。

あなたが大事にする正義感と一致するようであれば、深くつきあうとうまくいきますが、もしあなたが大事にすることと異なるようであれば、深くつきあうと痛手を負うことになるでしょう。どちらにせよ、自分の正義を押しつけて、トラブルのタネをまくのはやめましょう。

これら3タイプの人たちがトラブルを起こしやすいのですが、誰にでもこういった傾向は大なり小なりあります。他人ごとにならずに、自分にもそういうところがあるな、と認識をして、自分自身がトラブルを起こさないようにすることにも取り組んでください。

1億円会話術のポイント20

トラブルを起こす3タイプの人に気をつける

問題をクリアするための会話術

トラブルを起こすような人とは関わらないに越したことはありません。

しかしどうやっても関わらなければならないときがある。そんなトラブルになりやすい人との会話で気をつけることをお伝えしていきましょう。

これは私が以前、貸し会議室の事業をしたときの話です。

さまざまな物件をめぐって、やっと貸し会議室にちょうどいい物件を発見。

150人ほどが入る会場の広さで、この会場でなら自分が企画する講演会なども定期的に開催しやすそうだということで、借りることにしました。

貸し会議室ビジネスというのは、いくつか気にすべき点があります。

そこで、物件の営業担当の方とこんなやりとりをしました。

「すみません、私はここで貸し会議室をしたいと思っていますが、上下階の方など、音は大丈夫でしょうか？」

「土日の使用が中心ですよね。それでしたら問題ありません。土日は人がいないからです」

「そうですか、それはよかったです。ちなみにセキュリティはどうなってますか？」

「土日は施錠していますが、使用するときには解錠してもらって大丈夫です」

「人の出入りが100から150人ぐらいになりますが、エレベーターを使用しても問題ないですか？」

「はい、先ほどもお伝えした通り、土日は人がおりませんから、問題なく使っていただけます。逆にお伺いしますが、反社会勢力の方にはお貸ししておりませんが、岡崎様はそういった類の方ではないですよね？」

「はい、もちろん、そういった類の者ではありません」


とても感じのいい営業さんで、話はスムーズに進みました。

不動産を借りる契約になりますから、契約書を交わします。しかし私が未熟だったため、このやりとりの会話があったことを、記録に残しませんでした。

さて、蓋を開けてみてどうだったか？

なんと！　1階下にヤクザの事務所があったのです。

これにはもうびっくり。土日は人がいないと言われたのに、あたりまえのように「組」の方が出入りしているし、エレベーターを使おうものなら、文句を言われました。

しかも2年経って、物件の契約を更新するときは、いきなり家賃の大幅値上げを持ちかけられ、初期投資の回収が終わってないこちらとしては、泣き寝入りして支払うしかないという悲惨な状況に陥ったのです。

大事なことは必ず文書にして残そう

このことから学んだのですが、商取引において、どんなに信用・信頼がおける相手であっても、必ず契約書を交わさなければならないし、口頭で確認したこともそのなかに含めるか記録を残すことが絶対に必要です。

ビジネスをしていくうえで、時折こういう人に会うことがあります。

「お互い信用があるから契約書はいらないよね」

このひと言が来たら要注意です。確かに契約を結ぶ段階では信用や信頼関係があり、そのままずっと続くということを期待していると思います。

しかし、人間ですからいろいろ状況が変わってきて、場合によっては欲も出ます。悪意なくとも人は変わることがある、ということを念頭に置き、商取引を進める必要があります。

ただ、尊敬している人や断りづらい関係があるときに、「契約書を交わしましょう」とは言い難いもの。ですから、こういった言いまわしをすることをおすすめします。

「いまから大変お恥ずかしい話をさせていただきます。

じつは私は、以前大変な失敗をしたことがあります。それは『信頼関係があるから』という理由で契約書を交わさなかったことによって、結果的に相手の方に多大な迷惑をかけてしまったということです。

〇〇さんとの関係は、これからも長くずっと続けていきたいと思っています。だから契約書なしでことを進めてもいいかもしれませんが、何か都合が悪いことが起きたときに私が迷惑をかけてしまっては申し訳ないので、ちゃんと契約書を交わさせていただくことはできないでしょうか？」

この「大変お恥ずかしい話」が本当にあったことかどうかは重要ではありません。**あなたが人との関係においてトラブルを起こさないように準備をすることのほうが大事です。**

嘘も方便ではないですが、事実を伝えるということよりも、人間関係を大事にする、トラブルを起こさない、ということを重視したほうがいいのではないでしょうか？

大事な約束であるほど書面や記録を残すという習慣をつけておきましょう。

1億円会話術のポイント 21

どれだけ親しい人でも、大事な場面では書面や音声で記録を残そう

問題解決のための4ステップコミュニケーション

トラブル対応ほど無駄な時間はありません。もちろんその体験から学び、次に活かせば財産ではありますが、ないに越したことはありません。

とはいえ避けられないトラブルがあった場合、いち早く問題解決に努めるということが重要です。なぜならば、少しでも問題解決を早くして自分の時間を確保するため。そして先延ばしにすると問題はより大きくなってしまうことが多いためです。

問題解決に当たる際は、次の4つのステップで対応するようにしましょう。

① 健全な自己否定をする
② 相手が落ち着くための手段を取る
③ 感謝と相手のいいところを伝える

④　自分の改善プランを伝える

この4つで人間関係のトラブルは解決できる

①　健全な自己否定をする

自分の意見が正しいという立場でいると、相手の意見に対してつい否定的な態度を取りがちです。自分を完全に否定する必要はありませんが、「もしかしたら自分が間違っているのかもしれない」「自分が思っていること以外にもいい方法があるのかもしれない」と、自分に投げかけてみてください。**こういった姿勢を〝健全な自己否定〟と言います。**

逆に不健全な自己否定は卑屈で、態度が悪くなります。

「どうせ自分が全部悪いんですね。はいはい。すみませんでしたぁ〜」という感じです。あなたが100％間違っているということが確定しているわけではありませんから、卑屈な態度を取る必要はまったくありません。**とはいえ十人十色、百人百様、千差万別でありますから、自分が思っていることだけではなく、さまざまな見方、やり方、考え方があるもの。**いったん自分の考えを脇に置いて、相手の意見を受け入れることから始めましょう。

② 相手が落ち着くための手段を取る

熱してしまったヤカンはピーピーとうるさいもので、一度冷ましてやらないと、その音は鳴り止みません。人間も一緒です。頭にきて熱くなってる状態で何を言ったって、相手の耳には届きません。むしろ「この人は私の話を聞いてくれない！」と、さらに火に油を注ぐ結果になってしまいます。

ですから一度火がついてしまったのなら、それを冷ます必要があるのです。

冷まし方のテクニックはいくつかありますが、ここでは2つご紹介します。

・熱の冷まし方1：お手洗いに立つ

要は間を空けるということです。生理現象ですから、どんなに怒っている相手でもそれをダメだと言うことはそうそうないでしょう。もし電話対応などの場合は、「こちらから折り返させていただきます」というかたちを取りましょう。

とくに電話というものは、かけてきたほうに主導権があるので、相手からかけさせている状況のままで話を進めると、なかなか熱を冷ますことが難しくなります。

・火の冷まし方2：小声で話す

怒っている人は大概大声です。怒りのボルテージと、声量は比例するのです。

ではなぜこちらが小声で話すといいかというと、相手が小声で話したときにはおのずと自分も小声になってしまうからです。

たとえば電話口で相手が小声でしゃべっていると、意味もなくこちらも小声でしゃべってしまったりしませんか？　鏡の法則然りで、相手の声の大きさに合わせてこちらの声の大きさも調節するように、人間はできているのです。

ですから、あなたが小声でしゃべると相手も小声になっていきます。音量の低下に伴い、徐々に気持ちがおさまっていくはずです。ヒートアップしそうなときほど、意識して声の音量を小さくするようにしてみてください。

③ 感謝と相手のいいところを伝える

気持ちがおさまってきたところで次にするのは、相手に感謝を伝えることと、相手のプランのいいところを伝えることです。

人間はされたことをする生き物ですから、感謝をすれば感謝されますし、いいところを見ればいいところを見てもらえます。あなたの主張をする前に、感謝と相手のよさを伝えることによって自分の話を聞いてもらう準備を整えましょう。

④ 自分の改善プランを伝える

ここでも小さなイエスを積み重ねることが大事です。いきなりすべてを理解してもらえると思ってはいけません。まずは一般論から見てイエスを取りやすいものや、互いに利益があるところについてイエスを取っていきましょう。

そして、その場ですべての回答をもらうのは避けたほうがいいです。あとで覆されることもありますから、慌てて答えを出すよりも、「いったん落ち着いて考えてみませんか？」と提案して、また後日あらためて話をするようにするといいでしょう。

ただしその際に気をつかわなければならないのは、必ずエビデンス（証拠）を残すということ。どんな話をしたのか、何が持ち帰り事項なのか、必ずメールで記録を残すことをおすすめします。

最近はＬＩＮＥという手もありますが、やりとりが消えてしまうことも多いようですから、ビジネス文書に関してはメールを利用したほうがいいでしょう。もしメールの利用がなかったとしても、何があっても消えないような工夫をするようにしてください。

1億円会話術のポイント
22
４つのステップを駆使して、人間関係を改善する

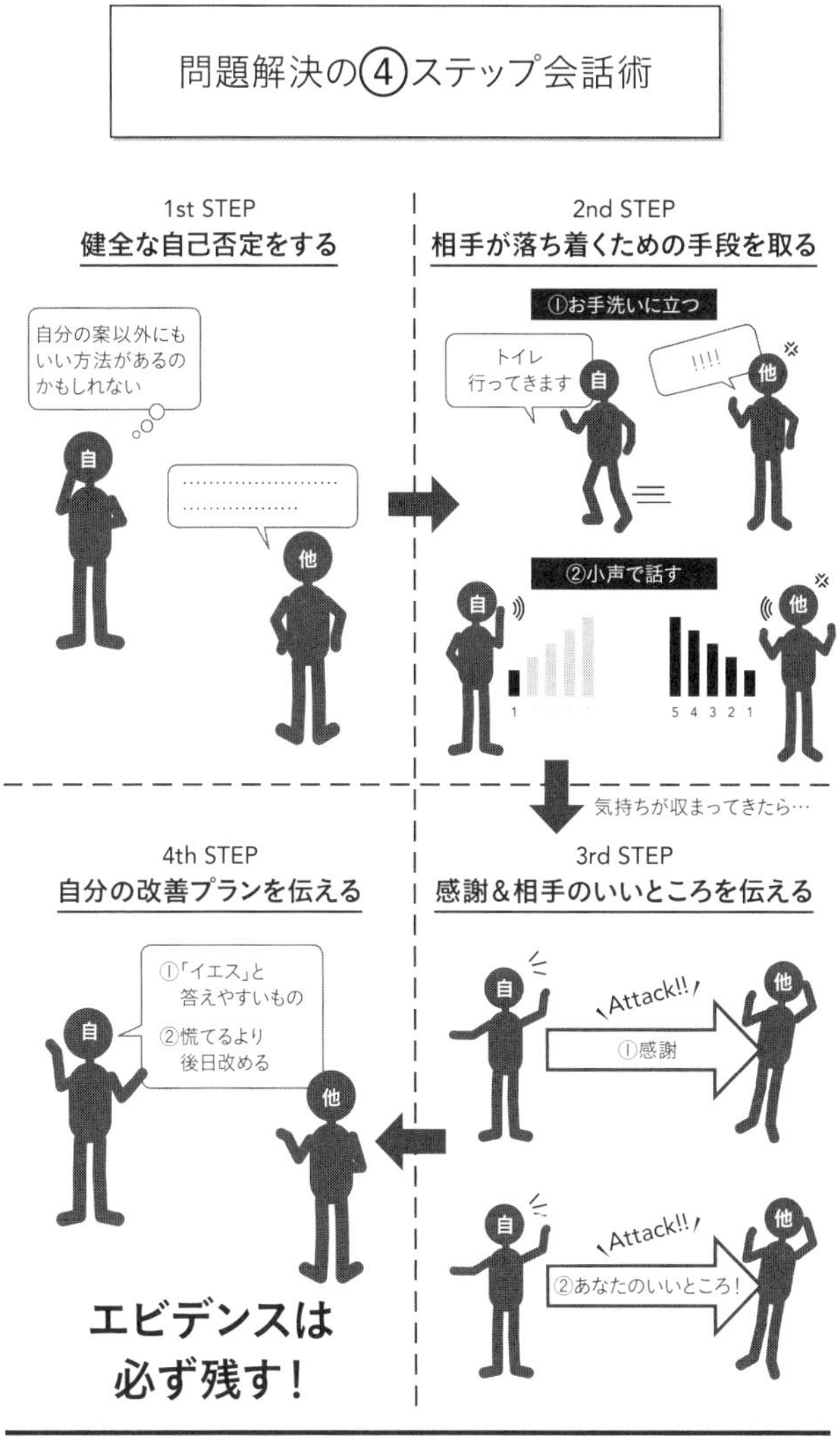
問題解決の④ステップ会話術
1st STEP
健全な自己否定をする
自分の案以外にも
いい方法があるの
かもしれない
自
…………………………
………………
他
2nd STEP
相手が落ち着くための手段を取る
①お手洗いに立つ
トイレ
行ってきます
自
!!!!
他
②小声で話す
自
1
5 4 3 2 1
他
気持ちが収まってきたら…
3rd STEP
感謝&相手のいいところを伝える
自
Attack!!
①感謝
他
自
Attack!!
②あなたのいいところ!
他
4th STEP
自分の改善プランを伝える
①「イエス」と
答えやすいもの
②慌てるより
後日改める
自
他
エビデンスは
必ず残す!

第5章

「1億円会話術」の極意

伝わる話し方には「喉」と「顔の筋肉」が大事

「卵が先か鶏が先か」という話がありますが、実際どちらが先なのでしょうか？

私は卵が生まれたから鶏が生まれたわけでも、鶏が生まれたから卵が生まれたわけでもないのではないかと思っています。鶏も卵も徐々に進化していった結果、鶏が卵を産むようになった。並行した進化だったのではないでしょうか。

生物の進化の真偽のほどはわかりませんが、人の成長に関してははっきりしていることがあります。**成長に伴って結果がついてきて、結果が出るとより成長していく。平行移動していく関係にある**ということ。

多くの成功者と呼ばれる方々とお会いしましたが、彼らの話はわかりやすく、面白い。

思わず「この人だからできたのではないか？」と思ってしまいます。

しかし、話を聞く限り、初めから話がわかりやすかった人は多くありません。むしろ昔はコミュ障だったなどという人もたくさんいます。もちろん、いまではそんな面影は感じさせませんが、結果をつくっていくプロセスで克服していったことなのでしょう。

「成功は成長の果実」という言葉があります。自分が成長した分以上の成果を得ることはないのです。ですから、話法に関しても学んで成長させていく必要があります。

逆説的に言えば、話法は学ぶことができる技術です。生まれ持った才能であれば改善しようがありませんが、技術であるなら、会話は誰でも改善することができます。

わかりやすく話す、伝わる話し方をするということに関しては「型」があります。いくつかの基本を押さえれば、あとは実践を通して応用していくことができるでしょう。

わかりやすく話をする、その前に必要な準備を押さえておきましょう。

伝わる話し方のための2つの準備とは

必要な準備は2つあります。

それは喉を温めておくことと、顔の筋肉をやわらかくすることです。

（1）喉を温める

「喉を温める」と言われてもぴんとこない人が多いでしょう。しかし、運動するときと一緒で、喉も事前に温めておかないとスムーズに動きません。

朝、声が出づらいと思ったことはありませんか？　それは一晩寝て、筋肉が硬直してしまったため、声を出しにくくなっているのです。

ですから、人と会う前に喉を温めておくのはとても大事なことです。

自宅であれば自分が大好きな本を音読するといいでしょう。また、もしそういった時間をとるのが難しければ、寝ている間に喉を冷やさないようにタオルやマフラーなどを首に巻いておくのもひとつの手です。声を出すということも、運動と何ら変わりがないということを覚えておいてください。

（2）顔の筋肉をやわらかくする

当然ですが、笑顔で話す人のほうが印象がよくなります。

しかし、それだけではありません。笑顔で話すと音の響きがよくなるのです。

歌を歌う人たちはみな笑顔で歌っています。なぜ笑顔かというと、笑顔をつくると鼻の横の鼻腔と言われるところが広がり、音が響きやすくなるという効果があるからです。

つまり、笑顔で話したほうが声が明るくなり、響きがよくなり、相手に対する印象もよくなるのです。

顔はすべて筋肉でできています。こり固まっていたら動きません。

人と会ったり、人前で話をする前には表情筋をやわらかくするように顔を動かすといいでしょう。**手っ取り早いのは「変顔」です。**いろいろな変顔を試してください。ただし人には見られないように気をつけてくださいね。

1億円会話術のポイント 23

喉を準備運動で温めて、顔の筋肉は積極的に動かそう

「三段論法」は、いますぐやめなさい

「日本人の話し方はわかりにくい」という話を聞いたことはないでしょうか。日本語は感覚的な表現が多いということもありますが、どうやらそれだけではないようです。原因のひとつには、日本人は「**三段論法**」で話す癖がついているということが挙げられるでしょう。

三段論法とは、

「**AだからB。そしてBはCである。だからAの答えはCである**」

という話し方です。たとえばこういった感じです。

「昨日、会社に行ったらね、大変だったんだ。課長がいきなり無茶な仕事を振ってきて。××や〇〇で、あんなことやこんなことがあって。だからとても大変だったんだ。どうしたらいいかわからないから、相談に乗ってもらえないかな?」

この話し方のメリットは、考えながら話せるということでしょう。

結論が見えていなくても話し始め、話しながら考え、結論を導いていく。自分も考えがまとまっていないときには、この話し方は便利な方法だといえます。

しかし、聞いているほうは結論が見えず、ストレスがたまりやすいです。

説明を劇的にわかりやすくするシンプルなコツ

もしあなたがあらかじめ話すことが決まっているのであれば、先に原稿をつくっておいて、**三段論法ではなく、結論から話をするようにするといいでしょう。**

先程の例なら、このようになります。

「相談に乗ってもらいたいことがあるんだけどいいかな? 昨日課長から○○と××につ

いて話をもらって。どうしたらいいか悩んでるんだけど、あなたならどうする?」

相談に乗ってもらいたいのであれば、まずそのことを伝えるといいでしょう。**相談に乗るという前提があって話を聞くのと、ただ話を聞くのとでは、まったく聞き方が違うからです。**

結論から話すことによって相手が心構えをすることができ、話を整理することができます。まずは三段論法をやめて、結論から話をすることを意識してみてください。

そして、わかりやすい話をするために大事なポイントとして、「**文章をこまかく切る**」ということがあります。たとえばこのように話をされたらどうでしょうか。

「今日はお願いがあって、ちょっと相談に乗ってほしいんだけど、昨日課長が急な仕事を振ってきて、〇〇や××について質問をされて、とても困ったんだけど、私には答えることができなくて、どうしたらいいか、あなたならどうするか、アドバイスが欲しいのだけど、どうかしら?」

これでは文章を読んでいるだけで疲れますね。

適切な長さで文章を切って、句点「。」を話のなかにこまかく入れていきましょう。話がわかりにくい人は句点が少なく、文章がダラダラと続いて、話のつながりが見えにくくなっています。

そして、句点のたびに適切な「間」を取るようにしましょう。

自分がこの話を聞いていたらどう捉えるか、何と回答するか、ということを想像しながら話をすると適切な間が取れます。人に理解されるために大事なのは間の取り方です。しゃべりすぎる傾向がある人は、間の取り方を意識してみるといいでしょう。

1億円会話術のポイント 24

結論から話し、文章はこまかく切ろう

相手に伝わる話し方

三段論法

昨日、会社に行ったらね、大変だったんだ。

↓

なぜなら、課長がいきなり無茶な仕事を振ってきて。
××や◯◯で、あんなことやこんなことがあって。
だからとても大変だったんだ。

↓

〔結論〕
わからないから相談乗ってもらえないかな？

聞いている方は結論が見えず、ストレスをためる

結論を先に話す

〔結論〕
相談乗ってもらいたいんだけど、いいかな？

↓

昨日課長から◯◯と××について話をもらって。

↓

どうしたらいいか悩んでいるんだけど、
あなたならどうする？

結論から話すことによって、相手は心構えができ、話を整理できる！

人を惹きつけるには、3分ひと区切りで話せ

いまの時代となってはセクハラと言われかねない、結婚式のスピーチの鉄板ネタ。

「スピーチの長さと女性のスカートの丈は短ければ短いほどいい」

実際にこれを結婚式のときに使うのはやめることをおすすめしますが、確かに的を射た話だと思います。もちろん女性のスカートの丈ではなく、スピーチの長さのほうです。

人は基本的に話を聞いてもらいたい生き物なので、話す場になると、つい長々と語ってしまいがちです。

先日、友人の結婚式に呼ばれたときのこと。

主役は新郎新婦です。祝辞など誰も興味がありません。でも、そのときにスピーチをさ

れた方は、クドクドと説教のような話をする。参列者も別にいい話を聞きに結婚式に来たのではありません。

そして最後に「短いですがご挨拶とさせていただきます」と締めたものですから、思わずツッコミを入れたくなりました。話が長い人ほど「簡単ではありますが」「短いですが」などと話を締めるのは不思議な現実です。

話すほうよりも、聞くほうがよっぽど疲れます。

とくに、まとまっていない話を聞くときほど苦痛な時間はないでしょう。何を言いたいのか、その意図を探るのに疲れてしまいます。

人の集中力はどれほど続くのかという統計データは諸説ありますが、私の体験的には、**退屈なことは3分以内が限界**だろうと思っています。3分以上話が続くと、集中力がもたず、聞いてるほうが疲れます。

もちろん、いわゆるロングスピーチといわれる長いスピーチもあります。1時間や2時間講演するといったケースです。

そういった長いスピーチでも、飽きずに話を聞くことができることがあります。

その理由は、よくよく聞いてみると、3分以内くらいにまとまった話を連続させているからなのです。ひとつの話題が3分程度でまとまっていると、その都度話を完了できるので、聞いているほうはそれほど疲れません。

つまり、わかりやすく、聞き手に優しいスピーチをするためには、3分ひと区切りが最良の方法なのです。

いきなり3分くらいで話をまとめるというのは難しいと感じるかもしれません。

しかし、それは場当たり的に話をしているのが原因です。

先述している通りですが、必ず原稿を書きましょう。

もうおわかりだと思いますが、原稿を書くことの目的は、あなたのためではありません。もちろん、あなたの話が伝わりやすくなるということは、あなたにとって価値がありますが、それ以上に意味があるのです。**それは話を聞いている人のためです。**

あなたも、人の話を聞くのがつらいと思ったことは何度もあるでしょう。人の話を聞くということは、大変エネルギーを使うものなのです。

聞き手の貴重な時間とエネルギーをいただくのですから、その人のために原稿を書かなければならないのです。

アマチュアのオールアドリブの劇などを見てもつまらないように、話のプロでもないのに原稿もつくっていないスピーチを聞かされるほうは、本当につらいものになってしまいます。

お笑いを見て勉強するのもアリ

3分ひと区切りとお伝えしましたが、できればその都度、笑いを取れるといいです。

笑いには人をリラックスさせ、集中力を上げる効果があります。

もちろん、いきなり笑いを取るというのは難しいことかもしれません。

面白い芸人さんの話は、3分どころか1時間も飽きずに聞けたりします。

面白いと集中力も上がるのです。

たとえばゲームなどが好きなら、朝から始めたゲームが楽しすぎて気がついたら夕方になっていたなんてことを経験したことがある人もいるのではないでしょうか。

笑いにも勉強が必要です。

いまは動画サイトなどでお笑いを気軽に見ることができますから、勉強だと思って見るようにしましょう。私もかつてメンターから「話がつまらないから毎日10分はお笑いを見なさい」と言われて、勉強のためによく見ました。

そして、そのなかで自分にも使えるネタがあったら、パクらせてもらいましょう。

大丈夫です、特許があるわけではありません。ましてやあなたが有名人というわけでもなければ、パクったところで何の問題もないのです。

お笑いを見てネタをパクること。そして、あなたのためだけではなく、あなたの話を聞く人のために、必ず原稿を用意すること。これが大切なのです。

1億円会話術のポイント
25
他人の貴重な時間を、つまらない話で奪わない

たとえ話は3つ以上用意する

たとえ話を使うと話がわかりやすくなるというのは、あなたもご存じの通りでしょう。話がわかりやすい人は、総じてたとえ話が上手です。たとえ話を上手にするためのポイントがあります。それは、

① 3つ以上を出す

② 相手に合わせたたとえ話をする

ここでは私がよく使うたとえ話でお話ししましょう。ゴールを決めることの大事さを伝えるときに、このように私は話をしています。

何事も結果（ゴール）を決めてから、方法を選ぶことが大事です。（**結論**）

たとえば○○さんが、大阪に行こうとしたら、新幹線になると思います。
仮に東京駅だったら山手線かもしれないし、近くのスーパーなら自転車でしょう。
行き先を決めてから手段、乗り物を選びませんか？（**たとえ話1**）
ほかにも、たとえば料理はしますか？
今日ハンバーグをつくりたいと思ったら、挽肉を用意することから始めるでしょう。
玉ねぎとかも必要かもしれませんね。
そしてハンバーグにするというゴールに合わせて調理をするはずです。
何も考えずに材料を切ってから、
さて何をつくろうか？　なんてことはないですよね。（**たとえ話2**）
先ほど○○さんは野球をやると言っていましたが、野球も同じではないですか？
なんとなく遊びでやっている野球と、
甲子園を目指してやる野球では、おそらくやり方が違うはずです。
甲子園を目指すとなったら、練習もそれ相応になるのではないでしょうか？
甲子園というゴールを決めずになんとなくやっていたら、

楽しいけれどそれほど上達はしないと思います。（**たとえ話3**）

もし、何か目覚ましい結果、普通ではない特別な結果をつくり出したいと思うなら、まずはゴールを決めることからなのではないでしょうか？（**提案**）

なぜこのようにいくつかたとえ話を出すかと言うと、ひとつのたとえ話では相手に伝わりきっていないことがあるからです。

相手が理解できるたとえ話でなければ意味がない

一般論として使えるたとえ話もありますが、それだけでは不十分な場合、相手の体験に合わせたたとえ話ができるようになるといいでしょう。

この例なら、相手が野球ではなくサッカーをやっているならサッカーに変えてみる。ほかにも営業の仕事をしている人なら「営業先を決めてからオフィスを出ますよね」と相手に合わせてみる。

逆にいえば相手の状況や経験、理解を無視したたとえ話はまったく効果がありません。

おそらく「IVRを構築するときのようなものです」と言われて理解できる人はごく一部でしょう（ちなみにIVRとはコールセンターの自動音声案内のことです）。

相手の状況や経験に合わせてたとえ話を使うことができるようになったら、あなたの話のわかりやすさは格段に上がります。

たとえ話については練習と準備が必要です。その場でぱっと思いつく場合も0ではないですが、事前に準備しておいたほうがよいです。すばらしいと思うたとえ話に出会ったら、メモをして自分のストックにしておくといいでしょう。

また途中途中で、相手に質問をして同意を取ることも大事です。定期的に「どう思う？」「どう理解した？」などと確認しながら話を進めましょう。相手に伝わっていない話であれば、話し方を変えていく必要があります。適度に質問を活用してみてください。

1億円会話術のポイント 26

相手の状況や経験に合わせた「たとえ話」をストックしておこう

ワーク

Point!
①1つの結論につき3つ以上
②相手が理解できるもの

〈お題〉

自分オリジナルのたとえ話をつくってみよう

結論	
たとえ話	

結論	
たとえ話	

「メラビアンリサーチ」を活用して、コミュニケーションをする

普段あなたはセミナーなどに参加する人ですか？

セミナーなどに参加をすると、本で読んだ以上の情報が手に入ることが多いはず。

ですがよく考えてみると、本の内容のほうがずっと情報量が多いです。私も自分の書籍を題材にして講演することがありますが、1章を話すのに1時間〜1時間半くらいはかかります。ですから講演の限られた時間で話せる内容は、本にくらべると情報量がずっと少ないのです。

にもかかわらず、セミナーで聞くほうが自分のなかに情報が残る。

それには理由があります。

「メラビアンリサーチ」という調査結果があります。

人の情報伝達手段は、大きく3つに分かれるというのです。

① 言語

② 音調

③ 見た目・雰囲気

それぞれの伝達手段によって相手にどれだけ伝わるか、その割合はある程度決まっていますが、何%ずつでしょうか。その答えは、こうです。

言語……7%

音調……38%

見た目・雰囲気……55%

なんと言語によるコミュニケーションは、たった7%しかないのです。

言語以外の大事な要素を磨け

残りの93%は言語以外の「音調」や「見た目・雰囲気」などで伝わっています。ですから、あなたが情報を伝えるときには、この言語以外の93％にこだわる必要があります。たとえばあなたが道を歩いていて、外国人に出会ったとしましょう。話をしたわけでもないのに、「困っていそうだな」「道に迷ってるんだろうな」と雰囲気で状況を理解できることがあるはずです。言葉以上に雰囲気が伝わっているのです。
では、それぞれの伝達手段で意識しておくべきことは何でしょうか。

まずは「言語」について。

わかりやすく話すために必要なのは原稿です。繰り返しお伝えしていますが、それに尽きます。原稿を書いて、それを話して、改善を繰り返す。
何度も話しているうちに、自然と話に間を挟むことができるようになってくる。「話すは技術、聞くは器」とお伝えしていますが、話すことは技術なので練習さえすれば必ず上達します。とくに原稿をつくることは簡単な技術なので、ぜひ実践しましょう。

次に「音調」について。

あなたは、単調でずっと同じ音調の音楽を聴いて面白いと思いますか？　もしくはずっとフォルテシモばかりで、耳障りな音楽ならどうでしょうか？

音楽は強弱があり、音の高低があるからこそ、そこに魅力を感じるはずです。人の話し方も同じです。ただ大きな声だけで話したのでは、聞いているほうが疲れてしまいます。

「ここだけの話……」と、わざと小さな声で話すと聴衆の注目を集めることができます。

ほかにも全体的には少し高めの声で話して、大事な話のときには低めの声を意識してみたりします。こうやって音声の強弱、高低をつけることで、相手の興味関心をひくことができるのです。

最後に「見た目・雰囲気」について。

見た目、雰囲気が55％を占めていますから、身体の使い方も意識しましょう。

身振り手振り、要はボディランゲージということになりますが、言葉に合わせて手の動かし方などを工夫してみましょう。

童話「桃太郎」を、身振り手振りをつけて話してみるといい練習になります。

「大きな桃が」という部分では手で大きな桃を描き、桃を割るシーンでは手をナタがわりにしてみるのです。

ほかにも海外の方のスピーチなどを見ていると、手の動かし方などで非常に参考になることもあります。

TPOがありますから、いつでも大きく動かせばよいというものではありませんが、モデルとなる人を見つけて、言葉だけでなく動作も真似てみるとよいです。

そして、最後は堂々とシンプルに伝えること。

告白と一緒です。まわりくどいとフラれます。何かお願いすることがあるなら、はっきりと伝えるのが一番です。「ぜひ一緒にやってください！」と。

私は年収1億円稼げる人なんだ、と自分に言い聞かせて、「年収1億円稼ぐ人ならどう話すのか」ということをイメージして話すようにしていきましょう。

1億円会話術のポイント 27

ボディランゲージを使いながら、シンプルに堂々と伝える

あとがき

目の前に見える東京タワーと、白く美しい富士山。大好きな東京・汐留のオフィスで本を書き終え、外の景色を眺めると、がんばってきてよかったとつくづく思います。

「次のテーマは〝年収1億円の会話術〟でいきましょう」

そう、きずな出版小寺編集長に言われたとき、ワクワクと同時に、そんな壮大なテーマで本当に書けるだろうか？　という一抹の不安がありました。

26歳から起業してきた私ですが、冒頭でも申し上げた通り、年収1億円をなんとか稼ぎたい！　と思ってがんばってきたわけではありません。正直なところで言えば、会社員を辞めても生きていけるくらいの収入が得られたらいいな……という程度。

何はともあれ、まずは学ぶことだと思い、セミナーに参加。そこで出合ったのがコミュニケーションのトレーニング。

衝撃でした。

それまでの私が、いかに人の話を聞いてこなかったか、リアクションが薄かったか、人に興味関心を持ってこなかったか……さまざまなことを考えさせられました。

そして、こうも思いました。


「もしこのトレーニングができるようになったら、これだけで食っていけるようになるぞ」


そこから今日に至るまで、どれだけコミュニケーションのトレーニングのためにかけてきたかわかりません。そのぐらいコミュニケーションというものは奥深く、学びがいがあるものです。そういう意味では、私もまだまだ発展途上だといえます。

コミュニケーションを学んでいくときに大事な方程式があります。


「知識×実践」

です。知識と実践の掛け算で、コミュニケーションは身に付くということです。

なぜコミュニケーションの力がついていかないか、その答えは知識不足です。

話す、聞く、ということがあまりにベーシックな人間としての能力であるために、あらためて学ぼうという姿勢を持っている人が少ない。しかし、思っているほどコミュニケーションについての正しい知識を身に付けてもいない。それが現実です。

つまり、コミュニケーション力の未熟さの原因は知識不足なのです。


今後の日本には、単純作業よりも、人と協力する作業のほうが多くなっていくことでしょう。つまり、そこには必ずコミュニケーションの必要性が出てきます。いやがおうにも、実践する場が設けられているということです。

実践する場は十分にあるのですから、知識を増やすために、書籍を読んだり、セミナーに参加してみてください。

今回、さまざまなコミュニケーションにおけるポイントを紹介させていただきましたが、まだまだ伝えきれていないことがたくさんあります。

世の中にはコミュニケーションについての良書がたくさんあります。このあとの参考文献一覧のなかにも、コミュニケーションに関わる本をいくつかご紹介していますので、そちらも手に取ってみるといいでしょう。

100%保証します。コミュニケーションは学べば必ず力がつく。あせらず、ひとつずつで構いません、意識して身に付けていってください。

最後に、いつも一緒に書籍をつくってくださるきずなな出版の小寺編集長、多くの学びを提供してくださる作家仲間の先生方、経営者の諸先輩方、そしてこの本を手に取り、応援してくださるあなたに心から感謝申し上げます。

「1億円会話術」で、よりよき人生を。

【主な参考文献】

『人望が集まる人の考え方』レス・ギブリン 著／弓場隆 翻訳（ディスカヴァー・トゥエンティワン）
『ニュータイプの時代』山口周 著（ダイヤモンド社）
『3分以内に話はまとめなさい』高井伸夫 著（かんき出版）
『伝え方が9割』佐々木圭一 著（ダイヤモンド社）
『営業の魔法』中村信仁 著（ビーコミュニケーションズ）
『改訂版 金持ち父さんのキャッシュフロー・クワドラント』ロバート・キヨサキ 著／白根美保子 翻訳（筑摩書房）
『改訂版 金持ち父さん 貧乏父さん』ロバート・キヨサキ 著／白根美保子 翻訳（筑摩書房）
『リッチウーマン』キム・キヨサキ 著／白根美保子 翻訳（筑摩書房）
『嫌われる勇気』岸見一郎／古賀史健 著（ダイヤモンド社）
『何もなかったわたしがイチから身につけた 稼げる技術』和田裕美 著（ダイヤモンド社）
『僕は君たちに武器を配りたい』瀧本哲史 著（講談社）
『WHYから始めよ！』サイモン・シネック 著／栗木さつき 翻訳（日本経済新聞出版社）
『自分で決める。』権藤優希 著（きずな出版）
『コミュニティをつくって、自由に生きるという提案』マツダミヒロ 著（きずな出版）
『正義の教室』飲茶 著（ダイヤモンド社）

著者プロフィール

岡崎かつひろ （おかざき・かつひろ）

株式会社XYZ代表取締役、他2社を有する経営者。ビジネストレーニング事業、業務コンサルティング、小売店支援、飲食店コンサルティング、旅行事業、会議室事業など多岐に展開する。埼玉県坂戸市生まれ。ソフトバンクBB株式会社入社後、4年で独立。飲食店事業において、ダイニングバー「SHINBASHI」は連日大行列となり、各種メディアに取り上げられる。有限会社志縁塾が主催する日本最大級の講師イベント「全国・講師オーディション2015」の決勝にも残り、口コミから始めた講演会は、いまでは毎回400名以上も集まる。累積動員人数では20万人を超える。「すべての人の最大限の可能性に貢献すること」を企業理念に精力的に活動する。業種を問わず、どこにいっても通用する一流のビジネスパーソンの育成をテーマに、パーソナルモチベーターとしても活躍。多くの若者のメンターでもある注目の起業家である。著書に『自分を安売りするのは“いますぐ”やめなさい。』『言いなりの人生は“いますぐ”やめなさい。』『憂鬱な毎日は“いますぐ”やめなさい。』『なぜ、あの人は「お金」にも「時間」にも余裕があるのか?』（いずれも、きずな出版）がある。

岡崎かつひろ
公式YouTubeチャンネル
https://www.youtube.com/channel/UCGk8kSUiSQpfR3OR7Zrwfxg/

岡崎かつひろ公式LINE
@caj5048n

学びを変える！岡崎かつひろ
毎日読書サロン
https://salon.kizuna-cr.jp/kcos00002/

うまくいく人がやっている1億円会話術

2020年4月1日　第1刷発行

著　者　　　岡崎かつひろ

発行者　　　櫻井秀勲
発行所　　　きずな出版
東京都新宿区白銀町1-13　〒162-0816
電話03-3260-0391　振替00160-2-633551
http://www.kizuna-pub.jp/

ブックデザイン　池上幸一
印刷・製本　　モリモト印刷

ISBN978-4-86663-108-0

きずな出版